O 18 DE BRUMÁRIO
DE LUÍS BONAPARTE

Copyright desta edição © 2017 by Edipro Edições Profissionais Ltda.

Título original: *Der achtzehnte Brumaire des Louis Bonaparte*. Publicado originalmente na Alemanha em 1852 na revista *Die revolution*.

Todos os direitos reservados. Nenhuma parte deste livro poderá ser reproduzida ou transmitida de qualquer forma ou por quaisquer meios, eletrônicos ou mecânicos, incluindo fotocópia, gravação ou qualquer sistema de armazenamento e recuperação de informações, sem permissão por escrito do editor.

Grafia conforme o novo Acordo Ortográfico da Língua Portuguesa.

1ª edição, 1ª reimpressão 2024.

Editores: Jair Lot Vieira e Maíra Lot Vieira Micales
Edição de texto: Marta Almeida de Sá
Produção editorial: Carla Bitelli
Assistente editorial: Thiago Santos
Capa: Studio DelRey
Preparação: Marlon Magno
Revisão: Lygia Roncel
Editoração eletrônica: Estúdio Design do Livro
Impressão: PlenaPrint

Dados Internacionais de Catalogação na Publicação (CIP)
(Câmara Brasileira do Livro, SP, Brasil)

Marx, K., 1818-1883.

O 18 de brumário de Luís Bonaparte / Karl Marx; tradução e notas de Karina Jannini. – 1. ed. – São Paulo : Edipro, 2017.

Título original: *Der achtzehnte Brumaire des Louis Bonaparte*.

ISBN 978-85-521-0012-6

1. França – História – Golpe de Estado, 1851 2. França – História – Revolução de Fevereiro, 1848 3. França – História – Segunda República, 1848-1852 4. Socialismo – História I. Jannini, Karina II. Título.

17-10410 CDD-944.07

Índice para catálogo sistemático:
1. Segunda República : França : História : 944.07

São Paulo: (11) 3107-7050 • Bauru: (14) 3234-4121
www.edipro.com.br • edipro@edipro.com.br
@editoraedipro @editoraedipro

O 18 DE BRUMÁRIO DE LUÍS BONAPARTE

TRADUÇÃO
KARINA JANNINI

O livro é a porta que se abre para a realização do homem.

Jair Lot Vieira

PREFÁCIO À SEGUNDA EDIÇÃO
(HAMBURGO, OTTO MEISSNER, 1869)

Meu amigo *Joseph Weydemeyer*,* morto prematuramente, tinha a intenção de publicar, a partir de 1º de janeiro de 1852, um hebdomadário político em Nova York, para o qual me pediu que escrevesse a história do *coup d'État* [golpe de Estado]. Por isso, semanalmente, até meados de fevereiro, escrevi para ele artigos intitulados "O 18 brumário de Luís Bonaparte". Nesse ínterim, o plano original de Weydemeyer fracassara. No entanto, na primavera de 1852, ele publicou uma revista mensal, *A Revolução*, cujo segundo[1] fascículo contém meu "18 brumário". Algumas centenas de exemplares foram então enviadas à Alemanha, contudo, sem chegar a ser comercializadas. Um livreiro alemão, que se mostrou extremamente radical e a quem propus a distribuição, respondeu manifestando verdadeiro horror moral a uma "pretensão tão contrária à época".

Por esses dados, vê-se que o presente texto surgiu sob a pressão direta dos acontecimentos e que seu material histórico não ultrapassa o mês de fevereiro (1852). Sua atual republicação deve-se em parte à demanda do mercado livreiro, em parte à insistência de meus amigos na Alemanha.

Dentre os escritos mais ou menos contemporâneos ao meu que se ocuparam do mesmo tema, apenas dois merecem ser mencionados: *Napoléon le petit*, de Victor Hugo, e *Coup d'État*, de Proudhon.

Victor Hugo limita-se a uma invectiva amarga e espirituosa contra o autor responsável pelo golpe de Estado. O evento em si aparece em sua obra como um relâmpago em céu claro. Nele vê apenas o ato de violência de um único indivíduo. Não percebe que, ao atribuir a esse indivíduo um poder pessoal de iniciativa sem igual na história universal, engrandece-o ao invés de diminuí-lo. Proudhon, por sua vez, tenta apresentar o golpe de Estado como o resultado de uma evolução histórica anterior. Contudo, de maneira sub-reptícia, nele a construção histórica do golpe de Estado se transforma em uma apologia histórica do herói do golpe de

---

* Comandante militar do distrito de St. Louis durante a Guerra Civil Americana.

1. Na realidade, os artigos de Marx intitulados "18 brumário" aparecem no primeiro, não no segundo número da revista. (N.T.)

Estado. Desse modo, Proudhon incorre no erro dos nossos historiadores chamados de *objetivos*. Eu, ao contrário, demonstro como a *luta de classes* na França criou circunstâncias e situações que tornaram possível a um personagem medíocre e grotesco fazer o papel de herói. Uma reelaboração do texto a ser apresentado em seguida tiraria sua coloração particular. Por essa razão, limitei-me a corrigir os erros de impressão e a suprimir as alusões que hoje já não podem ser compreendidas. A frase com a qual concluo meu escrito já se realizou: "Porém, quando o manto de imperador finalmente cair sobre os ombros de Luís Bonaparte, a estátua de bronze de Napoleão desabará do alto da coluna Vendôme".

O ataque ao culto de Napoleão foi iniciado pelo coronel Charras em sua obra sobre a campanha de 1815.[2] Desde essa época, e particularmente nos últimos anos, a literatura francesa deu o golpe de misericórdia na lenda napoleônica, utilizando como armas a pesquisa histórica, a crítica, a sátira e o chiste. Fora da França, essa ruptura violenta com as tradicionais crenças populares, essa imensa revolução espiritual, foi pouco observada e menos ainda compreendida.

Por fim, espero que meu escrito contribua para eliminar o palavrório escolástico do chamado *cesarismo*, que no momento é de uso corrente sobretudo na Alemanha. Com essa superficial analogia histórica, esquece-se o principal, a saber, que na Roma Antiga a luta de classes se dava apenas em meio a uma minoria privilegiada, entre os livres cidadãos ricos e pobres, enquanto a grande massa produtiva da população, os escravos, constituía o mero pedestal passivo para esses combatentes. Esquece-se a importante sentença de Sismondi: "O proletariado romano vivia à custa da sociedade, enquanto a sociedade moderna vive à custa do proletariado".[3] Dada a diferença tão completa entre as condições materiais e econômicas da luta de classes na Antiguidade e na modernidade, também seus produtos políticos não podem ter em comum mais do que o arcebispo da Cantuária em relação ao grão-sacerdote Samuel.[4]

Londres, 23 de junho de 1869
Karl Marx

---

2. Referência à obra *Histoire de la campagne de 1815: Waterloo*, publicada em Bruxelas em 1857. (N.T.)

3. J. C. L. Simonde de Sismondi, *Études sur l'économie politique*, t. I, Paris, 1837, p. 35. (N.T.)

4. Arcebispo da Cantuária: primaz da Igreja da Inglaterra. Grão-sacerdote Samuel: personagem bíblico do século XI a.c., que teria sido o último dos juízes de Israel e o primeiro dos profetas de seu povo. (N.T.)

I

Em alguma parte de sua obra, Hegel notou que todos os grandes fatos e personagens da história universal ocorrem, por assim dizer, duas vezes. Esqueceu-se de acrescentar: na primeira, como tragédia, na outra, como farsa. Caussidière por Danton,[5] Louis Blanc por Robespierre,[6] a Montagne de 1848-1851 pela Montagne de 1793-1795,[7] o sobrinho pelo tio.[8] E a mesma caricatura nas circunstâncias em que se produz a segunda edição do 18 de brumário!

Os homens fazem sua própria história, mas não de modo arbitrário, em circunstâncias escolhidas por eles mesmos, e sim naquelas que encontram imediatamente diante de si, dadas e transmitidas pelos antepassados. A tradição de todas as gerações mortas pesa como um fardo no cérebro dos vivos. E, justamente quando parecem ocupar-se de transformar a si mesmos e as coisas, de criar o que ainda não existe, precisamente nessas épocas de crise revolucionária, evocam com temor os espíritos do passado a seu serviço; deles tomam de empréstimo nomes, lemas de batalha e trajes, a fim de apresentar as novas cenas da história universal sob esse disfarce venerável por sua tradição e com essa linguagem

---

5. Marc Caussidière (1808-1861): republicano pequeno-burguês; participou da insurreição lionesa de 1834 e foi prefeito de polícia de Paris durante o governo provisório, em 1848. Georges Jacques-Danton (1759-1794): jacobino francês, teve grande importância no início da Revolução Francesa. (N.T.)

6. Louis Jean Joseph Charles Blanc (1811-1882): socialista francês, participou da Revolução de 1848; autor de *A organização do trabalho*, obra em que critica a economia liberal. Maximilien Marie Robespierre (1758-1794): advogado e político francês, teve um papel de grande relevância na Revolução Francesa; membro mais influente do grupo Montagne durante a Convenção. (N.T.)

7. *La Montagne* (a Montanha): grupo político na Convenção Nacional, cujos membros eram chamados de *Montagnards* (Montanheses). Liderado por Georges Danton, Jean-Paul Marat e Maximilien de Robespierre, defendia a república e uma democracia centralizada. (N.T.)

8. Em 18 de Brumário (9 de novembro) de 1799, Napoleão derrubou o Diretório com um golpe de Estado e instaurou na França seu regime ditatorial, que pouco depois daria origem ao Império. Em 2 de dezembro de 1851, Luís Napoleão repetiu o gesto do tio e acabou com a República de 1848. (N.T.)

emprestada. Assim, Lutero fantasiou-se de apóstolo Paulo,[9] a revolução de 1789-1814 revestiu-se sucessivamente de República Romana e Império Romano, e a Revolução de 1848 não soube fazer nada melhor do que parodiar ora 1789, ora a tradição revolucionária de 1793-1795. Desse modo, o principiante que aprendeu uma nova língua sempre a traduz para a sua materna, mas só consegue apropriar-se do espírito dessa nova língua e nela se exprimir espontaneamente quando a maneja sem reminiscências e esquece sua língua de origem. A análise dessas evocações de mortos da história universal logo revela uma diferença gritante. Camille Desmoulins,[10] Danton, Robespierre, Saint-Just,[11] Napoleão, tanto os heróis como os partidos e a massa da antiga Revolução Francesa cumpriram, em veste romana e com frases romanas, as tarefas de sua época, o desencadeamento e a instauração da moderna sociedade *burguesa*. Uns despedaçaram o solo feudal e ceifaram as cabeças feudais que nele haviam crescido. O outro criou no interior da França as condições que permitiram o desenvolvimento da livre concorrência, a exploração da propriedade fundiária transformada em minifúndio, a utilização da força produtiva industrial da nação, libertada de suas correntes; e por toda parte além das fronteiras francesas varreu as instituições feudais até onde foi necessário, a fim de proporcionar à sociedade burguesa na França um ambiente apropriado e atualizado no continente europeu. Uma vez instaurada a nova formação social, desapareceram os colossos antediluvianos e, com eles, a romanidade ressuscitada: os Brutos, os Gracos, os Publícolas, os tribunos, os senadores e o próprio César. A sociedade burguesa, em sua realidade sóbria, criou seus verdadeiros intérpretes e porta-vozes nas pessoas de Say, Cousin, Royer-Collard, Benjamin Constant e Guizot.[12]

---

9. Martinho Lutero (1483-1546): monge católico, iniciador da Reforma protestante, encontrou no apóstolo Paulo sua principal fonte de inspiração. (N.T.)

10. Camille Desmoulins (1760-1794): advogado, jornalista e revolucionário francês, guilhotinado no período do Terror. (N.T.)

11. Louis Antoine de Saint-Just (1767-1794): o mais jovem eleito da Convenção Nacional e membro da Montagne. Representou as ideias sociais mais avançadas. (N.T.)

12. Jean Baptiste Say (1767-1832): economista francês, conhecido pela Lei de Say, segundo a qual a oferta cria sua própria demanda e cuja autoria foi erroneamente atribuída a ele. Victor Cousin (1792-1867): filósofo espiritualista e chefe da Escola Eclética. Pierre Paul Royer-Collard (1763-1845): filósofo espiritualista, defendia uma monarquia constitucional nos moldes da monarquia inglesa. Benjamin Constant (1767-1830): escritor e político de origem suíça, opositor de Napoleão e considerado liberal moderado. François Guizot (1787-1874): historiador protestante, várias vezes ministro da Instrução e do Interior, defendia um liberalismo moderado. (N.T.)

Seus verdadeiros comandantes em chefe ficavam sentados atrás da escrivaninha, e o cabeça político que os liderava era a cabeça gorducha de Luís XVIII.[13] Completamente absorvida na produção da riqueza e na luta pacífica da concorrência, já não compreendia que os fantasmas da época romana tinham velado seu berço. Porém, por menos heroica que seja a sociedade burguesa, foram necessários o heroísmo, a abnegação, o terror, a guerra civil e as batalhas entre os povos para colocá-la no mundo. E seus gladiadores encontraram nas austeras tradições clássicas da República Romana os ideais e as formas artísticas, as ilusões de que precisavam para esconder de si próprios o conteúdo estreitamente burguês de suas lutas e manter sua paixão à altura da grande tragédia histórica. Assim, em outra etapa da evolução, um século antes, Cromwell[14] e o povo inglês tomaram emprestado do Antigo Testamento a linguagem, as paixões e as ilusões para sua revolução burguesa. Atingido o verdadeiro objetivo e realizada a transformação burguesa da sociedade inglesa, Locke suplantou Habacuque.[15]

Portanto, nessas revoluções, a ressurreição dos mortos serviu para glorificar as novas lutas, não para parodiar as antigas; para exaltar na imaginação a missão dada, não para subtrair-se à sua solução, refugiando-se na realidade; para reencontrar o espírito da revolução, não para fazer seu espectro circular novamente.

No período de 1848 a 1851, circulou apenas o espectro da antiga revolução, desde Marrast,[16] o *républicain en gants jaunes* [republicano de luvas amarelas], que se disfarçou de velho Bailly,[17] até o aventureiro que esconde seus traços de uma trivialidade repugnante sob a máscara mortuária de ferro de Napoleão. Um povo inteiro que, graças a uma revolução, acredita ter dado a si mesmo uma força motriz acelerada de repente se vê transportado a uma época extinta, e, para que não

---

13. Luís XVIII (1755-1824): também conhecido como Luís, o Desejado, foi rei da França de 1814 até sua morte. (N.T.)

14. Oliver Cromwell (1599-1658): militar e líder político inglês, liderou o Parlamento na Guerra Civil Inglesa. Neste trecho, Marx se refere à importância dos ideais religiosos calvinistas e puritanos durante a revolução burguesa na Inglaterra. (N.T.)

15. John Locke (1632-1704): filósofo inglês, fundador do empirismo e defensor da tolerância religiosa. Habacuque: profeta menor do Antigo Testamento. (N.T.)

16. Armand Marrast (1801-1852): jornalista e político francês, foi diretor do jornal republicano *Le National*. Defendeu a proclamação da República e foi membro do governo provisório. (N.T.)

17. Jean Sylvain Bailly (1736-1793): astrônomo e político francês. Foi presidente do Terceiro Estado e prefeito de Paris. Atuou na repressão dos manifestantes no Campo de Marte e, posteriormente, foi condenado pelo Tribunal Revolucionário. (N.T.)

seja possível nenhuma ilusão sobre essa recaída, ressurgem as velhas datas, a velha contagem do tempo, os velhos nomes, os velhos éditos, há muito submetidos à erudição dos sebos, e os velhos esbirros, que há muito pareciam ter entrado em decomposição. A nação sente-se como aquele inglês louco em Bedlam,[18] que acha que vive no tempo dos antigos faraós e todos os dias se lamenta do árduo trabalho de mineiro que tem de cumprir nas minas de ouro da Etiópia, encarcerado nessa prisão subterrânea, com um lampião fraco preso à cabeça, o capataz de escravos às costas, armado de um longo chicote, e, nas saídas, uma confusão de mercenários bárbaros, que não entendem nem os operários forçados a trabalhar nas minas, nem se entendem entre si, pois não falam a mesma língua. "E tudo isso", suspira o inglês louco, "é exigido de mim, livre cidadão da Grã-Bretanha, a fim de extrair ouro para os antigos faraós." "A fim de pagar as dívidas da família Bonaparte", suspira a nação francesa. Enquanto estava de posse de suas faculdades mentais, o inglês não conseguia livrar-se da ideia fixa da extração de ouro. Os franceses, enquanto fizeram a revolução, não conseguiram livrar-se da lembrança napoleônica, como provado pela eleição de 10 de dezembro.[19] Queriam fugir dos perigos da revolução, retornando às panelas de carne do Egito,[20] e a resposta foi o dia 2 de dezembro de 1851. Têm não apenas a caricatura do velho Napoleão, mas o próprio, caricaturado como deve parecer em meados do século XIX.

A revolução social do século XIX não pode tirar sua poesia do passado, apenas do futuro. Não pode começar consigo mesma antes de se desfazer de todas as superstições relativas ao passado. As revoluções anteriores precisavam das reminiscências da história universal para reprimir seu próprio conteúdo. A revolução do século XIX tem de deixar que os mortos enterrem seus mortos para compreender seu próprio conteúdo. No primeiro caso, a frase ultrapassava o conteúdo; no segundo, é o conteúdo que ultrapassa a frase.

A Revolução de Fevereiro foi um acontecimento inesperado, uma *surpresa* para a antiga sociedade, e o povo proclamou esse *ataque repentino* como um fato da história universal que abria uma nova época.

---

18. Hospital psiquiátrico em Londres. (N.T.)

19. Em 10 de dezembro de 1848, Luís Bonaparte foi eleito presidente da República Francesa. (N.T.)

20. Referência à passagem bíblica (Êxodo 16,3) em que os hebreus que fugiam do Egito, onde haviam sido escravizados, lamentam-se da dificuldade da viagem, dizendo que preferiam uma escravidão sem fome aos sacrifícios da liberdade. (N.T.)

Em 2 de dezembro, a Revolução de Fevereiro foi escamoteada pelo truque de um trapaceiro, e o que parece ter sido derrubado já não é a monarquia, e sim as concessões liberais que dela haviam sido arrancadas com um século de lutas. Em vez da conquista de um novo conteúdo pela própria *sociedade*, apenas o *Estado* parece ter retornado à sua forma mais antiga, ao domínio extremamente simples do sabre e do hábito de monge. É assim que, ao *coup de main* [ataque repentino] de fevereiro de 1848, responde o *coup de tête* [ação imprevista e irrefletida] de dezembro de 1851. O que o diabo dá, o diabo leva. Entretanto, o período intermediário não passou em vão. Entre 1848 e 1851, com um método abreviado, porque revolucionário, a sociedade francesa recuperou os estudos e as experiências que, com um desenvolvimento regular e, por assim dizer, escolar, teriam precedido a Revolução de Fevereiro se esta fosse mais do que um abalo superficial. Agora a sociedade parece ter regredido para antes de seu ponto de partida; na verdade, somente agora tem de criar seu ponto de partida revolucionário, a situação, as circunstâncias, as condições sob as quais apenas a revolução moderna se torna algo sério.

Revoluções burguesas, como as do século XVIII, precipitam-se mais rapidamente de um sucesso a outro, seus efeitos dramáticos se sobrepujam, os homens e as coisas parecem presos ao fogo dos diamantes, o êxtase é o espírito de cada dia; mas têm vida curta, logo alcançam seu ápice, e um longo desânimo se abate sobre a sociedade antes que ela aprenda a se apropriar com sobriedade dos resultados de seu período de ímpeto e tempestade. Em contrapartida, as revoluções proletárias, como as do século XIX, estão sempre criticando a si mesmas, interrompem-se a todo instante em seu próprio curso, retornam ao que já parecia realizado a fim de recomeçá-lo; escarnecem de maneira meticulosa e impiedosa das meias medidas, das fraquezas e das misérias de suas primeiras tentativas; parecem abater seu adversário apenas para que ele tire da terra novas forças e se reerga ainda mais colossal diante delas; recuam constantemente perante a monstruosidade indefinida de seus próprios objetivos, até que seja criada a situação que impossibilita qualquer retorno, e as próprias circunstâncias clamam:

Hic Rhodus, hic salta!
Aqui está a rosa, aqui é que se deve dançar![21]

---

21. *Hic Rhodus, hic salta!* (Aqui é Rodes, salta aqui!) Provérbio latino, extraído da fábula de Esopo sobre o fanfarrão que, ao voltar à pátria depois de uma longa viagem, se vangloria de suas proezas e até mesmo de ter dado um enorme salto em Rodes. Um dos presentes lhe res-

De resto, todo observador mediano, mesmo sem ter acompanhado passo a passo o curso do desenvolvimento na França, devia intuir que a revolução se encaminhava para uma desmoralização inaudita. Bastava ouvir os alaridos de triunfo com os quais os senhores democratas se felicitavam reciprocamente pelos efeitos milagrosos do segundo [domingo do mês] de maio de 1852,[22] data que para eles se tornara uma ideia fixa, um dogma, como foi para os quiliastas[23] o dia em que Cristo ressurgiria e iniciaria o reino milenar. Como sempre, a fraqueza encontrara salvação na crença em milagres, achava ter superado o inimigo ao exorcizá-lo na imaginação, e perdeu toda a compreensão do presente com uma exaltação inerte do futuro iminente e das ações que pretendia realizar mas ainda não queria divulgar. Esses heróis, que tentam desmentir sua incapacidade comprovada, compadecendo-se uns dos outros e reunindo-se em uma multidão, haviam feito sua trouxa, apoderado-se antecipadamente de suas coroas de louros, estavam ocupados em descontar no mercado de câmbio as repúblicas *in partibus*,[24] para as quais, no completo silêncio de sua natureza despretensiosa, por precaução organizaram a equipe de governo. O dia 2 de dezembro os atingiu como um raio em céu claro, e os povos, que nos períodos de desânimo deixam de bom grado que seu medo seja abafado por quem grita mais alto, talvez se convençam de que já foi o tempo em que o grasnar dos gansos podia salvar o Capitólio.[25]

A Constituição, a Assembleia Nacional, os partidos dinásticos, os republicanos azuis e vermelhos, os heróis da África, o trovão da tribuna, o relâmpago da imprensa cotidiana, toda a literatura, os nomes

---

ponde então com essa frase, que em outros termos significa: é chegada a hora de demonstrar o que você é capaz de fazer. Em seu prefácio aos *Princípios da filosofia do direito*, Hegel cita o mesmo verso e, em seguida, complementa: "Com uma pequena alteração, essa frase poderia ser lida como: Aqui está a rosa, aqui é que se deve dançar". Hegel faz um jogo de palavras com as palavras "Rodes" e "rosa", que em grego são semelhantes (*Rhodos, rhodon*), e com os termos latinos *saltus* (salto) e *salta* (imperativo do verbo "dançar"), em alusão ao símbolo da rosa-cruz, sociedade esotérica surgida no século XVII, na Europa. (N.T.)

22. Data da eleição para presidente da República. (N.T.)

23. Seguidores do milenarismo, crença segundo a qual Cristo retornaria para iniciar um reino de paz, prosperidade e justiça que duraria mil anos. (N.T.)

24. *In partibus infidelium*, ou seja, nas terras dos infiéis. Expressão que designava os bispos católicos, cujos títulos eram meramente honoríficos, sem direito à jurisdição. Neste texto de Marx, refere-se aos governos constituídos no exterior por emigrados políticos. (N.T.)

25. Em 390 a.C., quando Roma foi invadida pelos gauleses, o Capitólio teria sido salvo de um ataque-surpresa dos invasores graças ao alerta dado pelos gansos do templo de Juno. (N.T.)

políticos e os renomes intelectuais, o código civil e aquele penal, a *liberté, égalité, fraternité* e o segundo [domingo do mês] de maio de 1852 – tudo isso desapareceu como uma fantasmagoria diante da fórmula mágica de um homem que seus próprios adversários não consideram feiticeiro. O sufrágio universal parece ter sobrevivido por um momento, apenas para escrever de próprio punho seu testamento aos olhos de todo o mundo e declarar em nome do povo: "Tudo o que existe merece perecer".[26] Não basta dizer, como fazem os franceses, que sua nação foi surpreendida. Não se perdoa a uma nação nem a uma mulher o momento de desatenção em que o primeiro aventureiro conseguiu violentá-la. Com esse modo de apresentar a questão, o enigma não é resolvido, apenas reformulado. Resta esclarecer como uma nação de 36 milhões de pessoas pôde ser surpreendida por três cavaleiros da indústria e aprisionada sem nenhuma resistência.

Recapitulemos em linhas gerais as fases que a Revolução Francesa percorreu de 24 de fevereiro de 1848 até dezembro de 1851.

Três períodos principais são inequívocos: *o de fevereiro*; *o da constituição da República ou da Assembleia Nacional Constituinte* (de 4 de maio de 1848 a 28 de maio de 1849); e *o da República constitucional ou da Assembleia Nacional Legislativa* (de 28 de maio de 1849 a 2 de dezembro de 1851).

O *primeiro período*, que se estende de 24 de fevereiro ou da queda de Luís Filipe até 4 de maio de 1848, data da reunião da Assembleia Constituinte e que constituiu o *período de fevereiro* propriamente dito, pode ser designado como o *prólogo* da revolução. Seu caráter manifestou-se oficialmente no fato de que o governo por ela improvisado declarou-se *provisório* e, tal como o governo, tudo o que nesse período foi proposto, tentado e expresso proclamou-se como sendo apenas *provisório*. Nada nem ninguém ousou reclamar para si o direito à existência e à verdadeira ação. Todos os elementos que haviam preparado ou determinado a revolução – a oposição dinástica, a burguesia republicana, a pequena burguesia democrática e republicana, a classe trabalhadora social-democrática – encontraram provisoriamente seu lugar no *governo* de fevereiro.

Não poderia ter sido diferente. Em sua origem, as Jornadas de Fevereiro visavam a uma reforma eleitoral, por meio da qual o círculo dos

---

26. Citação extraída de Goethe, *Fausto*, primeira parte. (N.T.)

privilegiados políticos entre a própria classe abastada deveria ampliar--se e o domínio exclusivo da aristocracia financeira deveria ser derrubado.

Porém, quando o conflito eclodiu de fato, com o povo subindo nas barricadas, a Guarda Nacional comportando-se de maneira passiva, o Exército não opondo nenhuma resistência séria e a monarquia partindo em fuga, a república pareceu ser algo evidente. Cada partido interpretou-a a seu modo. Com armas em punho, o proletariado a conquistou, imprimiu-lhe seu selo e proclamou-a *república social*. Assim foi indicado o conteúdo geral da revolução moderna, conteúdo este que contrastava da maneira mais singular com tudo o que, a princípio e em circunstâncias e condições dadas, podia ser imediatamente posto em prática, tendo em vista o material existente e o grau de educação alcançado pela massa. Por outro lado, a pretensão de todos os elementos restantes, que haviam contribuído com a Revolução de Fevereiro, foi reconhecida na parte do leão que receberam no governo. Portanto, em nenhum período encontramos uma mistura mais variada de frases empoladas, insegurança e inabilidade reais, de aspiração mais entusiasmada à renovação e de domínio mais fundamentado da velha rotina, de harmonia mais aparente de toda a sociedade e de um alheamento mais profundo entre seus elementos. Enquanto o proletariado parisiense ainda se regalava com a visão da grande perspectiva que se lhe abrira e se alongava em sérias discussões sobre os problemas sociais, os antigos poderes da sociedade agrupavam-se, reuniam-se, refletiam e encontravam um apoio inesperado na massa da nação, nos camponeses e pequeno-burgueses que de repente irromperam na cena política depois de caídas as barreiras da Monarquia de Julho.

O *segundo período*, que vai de 4 de maio de 1848 até o final de maio de 1849, é o da *constituição*, da *fundação da república burguesa*. Logo após as Jornadas de Fevereiro, não apenas a oposição dinástica fora surpreendida pelos republicanos e estes pelos socialistas, mas toda a França o fora por Paris. A Assembleia Nacional, que se reuniu em 4 de maio de 1848, tendo saído das eleições nacionais, representava a nação. Era um protesto vivo contra as pretensões das Jornadas de Fevereiro e deveria reconduzir os resultados da revolução à escala burguesa. Poucos dias após sua reunião, em 15 de maio, o proletariado parisiense, que logo compreendeu o caráter dessa Assembleia Nacional, tentou em vão negar à força sua existência, dissolvê-la, dispersar novamente em seus componentes individuais a forma orgânica em que o espírito reacionário da nação o ameaçava. Como se sabe, o dia 15 de maio não teve outro resultado além de afastar da cena pública, por toda a duração do ciclo que estamos considerando, Blanqui[27] e seus companheiros, ou seja, os verdadeiros líderes do partido proletário.

À *monarquia burguesa* de Luís Filipe só pode suceder a *república burguesa*, ou seja, se antes uma parte limitada da burguesia reinava em nome do rei, agora a totalidade da burguesia reinará em nome do povo. As reivindicações do proletariado parisiense são patranhas utópicas, às quais se deve pôr um fim. A essa declaração da Assembleia Nacional Constituinte, o proletariado parisiense respondeu com a *Insurreição de Junho*, o evento mais colossal na história das guerras civis europeias. A república burguesa venceu. A seu lado estavam a aristocracia financeira, a burguesia industrial, a classe média, os pequeno-burgueses, o Exército, o lumpemproletariado[28] organizado como guarda móvel, os intelectuais, os padres e a população rural. Ao lado do proletariado parisiense não havia ninguém além dele próprio. Mais de três mil insurgentes foram massacrados após a vitória, 15 mil foram deportados sem julgamento. Com essa derrota, o proletariado passou para o *pano de fundo* da cena revolucionária. Sempre tenta recuperar seu lugar na frente, tão logo o movimento pareça tomar novo impulso, porém despendendo cada vez menos energia e obtendo um resultado cada vez menor. Assim que um dos estratos sociais superiores entra em fermentação revolucionária, o proletariado forma uma aliança com ele e, desse modo, partilha todas as derrotas que os diferentes partidos sofrem um após o outro. Contudo, esses sucessivos golpes vão se enfraquecendo à medida que se distribuem por toda a superfície da sociedade. Um após o outro, seus líderes mais importantes na Assembleia e na imprensa tornam-se vítimas dos tribunais, e figuras cada vez mais ambíguas assumem seu posto. Em parte, ele se lança em *experimentos doutrinários, bancos de câmbio e associações trabalhistas, portanto, em um movimento em que renuncia a revolucionar o velho mundo com todos os grandes recursos que lhe são próprios, tentando, antes, obter sua salvação pelas costas da sociedade, de modo privado, dentro de suas condições limitadas de existência, sofrendo, por conseguinte, um forçoso fracasso.* Parece incapaz tanto de reencontrar a grandeza revolucionária em si mesmo como de extrair uma nova energia das alianças recém-travadas, até

---

27. Louis Auguste Blanqui (1805-1881): ativista revolucionário francês que participou da Revolução de 1830 e liderou a insurreição de 12 de maio de 1839, em Paris. Em 1848, fundou a Sociedade Republicana Central, cobrando do governo provisório uma orientação mais socialista. Passou 37 anos encarcerado, em razão das várias insurreições que organizou. (N.T.)
28. Parte miserável e degradada do proletariado, sem consciência política e de classe, e, portanto, passível de ser manipulada pela burguesia. (N.T.)

que *todas as classes* contra as quais lutou em junho prostrem-se a seu lado. Contudo, pelo menos sucumbe com as honras da grande batalha da história universal. Não apenas a França, mas toda a Europa treme diante do terremoto de junho, enquanto as sucessivas derrotas das classes superiores foram obtidas por um preço tão baixo que precisam do exagero insolente por parte do partido vencedor para ser consideradas acontecimentos, e se tornam tanto mais ignominiosas quanto mais o partido vencido se afasta do partido proletário.

Sem dúvida, a derrota dos insurgentes de junho preparara e aplanara o terreno onde a república burguesa poderia ser fundada; porém, ao mesmo tempo, mostrara que na Europa se levantam outras questões que não a da "república ou monarquia". Revelara que aqui a *república burguesa* significa o despotismo ilimitado de uma classe sobre outras. Demonstrara que em países de civilização antiga, com uma avançada estrutura de classes, condições modernas de produção e consciência intelectual, em que todas as ideias tradicionais foram dissolvidas por um trabalho secular, *de modo geral a república significa apenas a forma política de revolução da sociedade burguesa*, não sua *forma conservadora de vida*, como nos Estados Unidos da América do Norte, onde as classes já existem, mas ainda não se estabeleceram – ao contrário, estão sempre mudando e cedendo umas às outras seus componentes em um fluxo constante; onde os modernos meios de produção, em vez de coincidirem com uma superpopulação estagnada, compensam a relativa falta de cabeças e mãos; e onde, por fim, o movimento jovem e febril da produção material, que tem um novo mundo a conquistar, não deixou tempo nem ocasião para abolir o velho mundo dos espíritos.

Durante as Jornadas de Junho, todas as classes e todos os partidos se haviam reunido no *partido da ordem* para fazer frente à classe proletária, considerada o *partido da anarquia*, do socialismo e do comunismo. Haviam "salvado" a sociedade dos "inimigos da sociedade". Haviam distribuído a seu Exército, como palavra de ordem, o lema da antiga sociedade, "propriedade, família, religião, ordem", e gritado à cruzada contrarrevolucionária: "Com este sinal vencerás!". A partir desse momento, tão logo um dos inúmeros partidos que se haviam agrupado sob esse sinal contra os insurgentes de junho tente defender o campo de batalha revolucionário em seu próprio interesse de classe, sucumbe ao grito: "Propriedade, família, religião, ordem". A sociedade é salva com a mesma frequência com que o círculo de seus dominadores encolhe e um interesse mais exclusivo prevalece sobre outro mais amplo. Toda reivindicação da mais simples reforma financeira burguesa, do liberalismo mais ordinário, do republicanismo mais formal, da democracia mais superficial é, ao mesmo tempo, punida como "atentado à sociedade" e estigmatizada de "socialismo". E, por fim, os sumos sacerdotes "da religião e da ordem" são expulsos a pontapés de seus tripés de Pítia,[29] arrancados de suas camas na calada da noite, enfiados em camburões, jogados em cárceres ou mandados para o exílio. Seu templo é demolido; sua boca, selada; sua pena, quebrada; sua lei, rasgada em nome da religião, da propriedade, da família e da ordem. *Bourgeois* [burgueses] fanáticos pela ordem são fuzilados em suas sacadas por bandos de soldados embriagados, seu santuário familiar é profanado, suas casas são bombardeadas como passatempo – tudo isso em nome da propriedade, da família, da religião e da ordem. Por fim, a escória da sociedade burguesa forma a *falange sagrada da ordem*, e o herói Crapulinski[30] faz sua entrada nas Tulherias como "salvador da sociedade".

---

29. Pítia, sacerdotisa de Apolo, proferia seus oráculos sentada em um tripé. (N.T.)

30. Personagem do poema *Zwei Ritter* [Dois cavaleiros], de Heinrich Heine, que representa os poloneses nobres e arruinados. Seu nome deriva do termo *crapule* [crápula], em francês. No texto de Marx, refere-se a Luís Bonaparte. (N.T.)

II

Retomemos o fio da exposição.

A partir das Jornadas de Junho, a história da *Assembleia Nacional Constituinte* é a *história do domínio e da dissolução da fração da burguesia republicana*, fração essa que é conhecida pelos nomes de republicanos tricolores, republicanos puros, republicanos políticos, republicanos formalistas etc.

Sob a monarquia burguesa de Luís Filipe, essa fração formou a *oposição* republicana *oficial* e, portanto, um componente reconhecido do mundo político da época. Tinha seus representantes nas câmaras e uma significativa esfera de influência na imprensa. À sua maneira, seu jornal parisiense, *Le National*, era considerado tão respeitável como o *Journal des Débats*. A essa posição que ela ocupava sob a monarquia constitucional correspondia seu caráter. Não se tratava de uma fração da burguesia mantida unida por grandes interesses em comum e delimitada por condições peculiares de produção. Era uma *coterie* [associação de pessoas com interesses comuns] de burgueses, escritores, advogados, oficiais e funcionários públicos de mentalidade republicana, cuja influência baseava-se na antipatia pessoal que o país sentia por Luís Filipe, nas lembranças da antiga República, na crença republicana de certo número de entusiastas, mas, sobretudo, no *nacionalismo francês*, cujo ódio aos tratados de Viena e à aliança com a Inglaterra ela mantinha aceso. Grande parte dos seguidores que o *National* possuía sob Luís Filipe devia-se a esse imperialismo velado, que, mais tarde – portanto, sob a República –, pôde confrontá-lo como um concorrente esmagador na pessoa de Luís Bonaparte. Combatia a aristocracia financeira, como aliás fazia toda a oposição burguesa restante. A polêmica contra o orçamento, que na França estava estreitamente ligada à luta contra a aristocracia financeira, proporcionava-lhe uma popularidade demasiado barata e um material demasiado copioso para *leading articles* [editoriais] puritanos para que não fosse explorada. A burguesia industrial era grata ao *National* por sua defesa servil do sistema protecionista francês, que nesse ínterim ele assumia mais por razões nacionais do que por razões de economia nacional; e a burguesia como um todo lhe era grata por suas denúncias cheias de ódio contra o comunismo e o socialismo. De resto, o partido do *National* era *republicano puro*, ou seja, reivindicava que a burguesia exercesse um domínio republicano em vez de monárquico e, sobretudo, queria sua parte do leão nesse domínio. Sobre as condições dessa transformação, não tinha nenhuma ideia clara. Em contrapartida, o que para ele era claro como a luz do Sol e foi declarado publicamente nos banquetes da Reforma, nos últimos tempos de Luís Filipe, era sua impopularidade entre os pequeno-burgueses democratas, em especial entre o proletariado revolucionário. Esses republicanos puros, como aliás costumam ser os republicanos puros, já estavam prestes a se contentar inicialmente com uma regência da duquesa de Orleans[31] quando eclodiu a Revolução de Fevereiro, atribuindo a seus representantes mais conhecidos um posto no governo provisório. Por certo, eles dispunham de antemão da confiança da burguesia e da maioria da Assembleia Nacional Constituinte. Da comissão executiva, formada pela Assembleia Nacional por ocasião de sua reunião, foram logo excluídos os elementos *socialistas* do governo provisório, e o partido do *National* aproveitou a eclosão da Insurreição de Junho para também dissolver a *comissão executiva* e, desse modo, livrar-se de seus rivais mais próximos, os *republicanos pequeno-burgueses* ou *democratas* (Ledru-Rollin[32] etc.). Cavaignac,[33] general do partido republicano burguês que comandara a batalha de junho, substituiu a comissão executiva com uma espécie de poder ditatorial. Marrast, ex-redator-chefe do *National*, tornou-se presidente vitalício da Assembleia Nacional Constituinte, e os ministérios, bem como todos os outros postos importantes, couberam aos republicanos puros.

Desse modo, a fração dos republicanos burgueses, que havia tempos se considerava a legítima herdeira da Monarquia de Julho, viu-se

---

31. Em 24 de maio de 1848, Luís Filipe abdicou em favor de seu neto, o conde de Paris. Como este era menor de idade, coube à sua mãe, duquesa de Orleans, assumir a regência. (N.T.)
32. Alexandre-Auguste Ledru-Rollin (1807-1874): advogado e político francês. Republicano progressista, tornou-se célebre ao defender jornalistas republicanos, perseguidos por Luís Filipe. Opositor da Monarquia de Julho, fundou em 1843 o jornal *La Réforme*, que defendia um programa republicano e radical. (N.T.)
33. Louis-Eugène Cavaignac (1802-1857): general republicano, foi governador da Argélia e ministro da Guerra. Durante a Insurreição de Junho, dispunha de poderes ditatoriais que lhe permitiram reprimir a revolta dos operários parisienses. Candidato à Presidência da República, foi derrotado por Luís Napoleão. (N.T.)

superada em seu ideal, mas chegou ao poder, não como sonhara sob Luís Filipe, por meio de uma revolta liberal da burguesia contra o trono, e sim por uma rebelião do proletariado contra o capital, reprimida a tiros de metralha. O que ela havia imaginado como o acontecimento *mais revolucionário* ocorreu, na realidade, como o *mais contrarrevolucionário*. O fruto caiu em seu colo, mas provinha da árvore do conhecimento, não daquela da vida.

O *domínio* exclusivo *dos republicanos burgueses* durou apenas de 24 de junho a 10 de dezembro de 1848. Resume-se à *elaboração de uma Constituição republicana* e ao *estado de sítio de Paris*.

No fundo, a nova *Constituição* não passava de uma edição republicanizada da Carta Constitucional de 1830. O restrito censo eleitoral da Monarquia de Julho, que excluía do poder político grande parte da própria burguesia, era incompatível com a existência da república burguesa. No lugar desse censo, a Revolução de Fevereiro proclamara de imediato o sufrágio universal direto. Os republicanos burgueses não podiam desfazer esse evento. Tinham de se contentar em acrescentar-lhe a cláusula restritiva de um domicílio de seis meses no distrito eleitoral. A antiga organização administrativa, municipal, judiciária, militar etc. permaneceu intacta, e onde a Constituição a modificava, essa alteração afetava apenas o sumário, não o conteúdo; o nome, não a coisa.

O inevitável Estado-Maior das liberdades de 1848, a liberdade pessoal, de imprensa, de expressão, de associação, de reunião, de ensino, de religião etc., recebeu um uniforme constitucional que as tornava invulneráveis. Com efeito, cada uma dessas liberdades é proclamada como o direito *absoluto* do *citoyen* [cidadão] francês, mas com a constante nota à margem de que seria irrestrita, desde que não fosse limitada pelos "*direitos iguais alheios* e pela *segurança pública*" ou pelas "leis", encarregadas justamente de mediar essa harmonia das liberdades individuais entre si e com a segurança pública. Por exemplo: "Os cidadãos têm o direito de se associar, de se reunir de maneira pacífica e desarmada, de apresentar petições e exprimir suas opiniões através da imprensa ou de qualquer outro meio. *O gozo desses direitos não tem outras restrições a não ser os direitos iguais alheios e a segurança pública*" (capítulo II da Constituição francesa, § 8). – "O ensino é livre. A liberdade de ensino deve ser *desfrutada* sob as condições estabelecidas pela lei e sob o controle supremo do Estado" (ibidem, § 9). – "O domicílio de todo cidadão é inviolável, *exceto* nas formas prescritas pela lei" (capítulo II, § 3), e assim por diante. – Por isso, a Constituição sempre remete às futuras leis *orgânicas*, destinadas a pôr em prática aquelas notas à margem e a regular o gozo dessas liberdades ilimitadas, de modo que não entrem em conflito entre si nem com a segurança pública. Posteriormente, essas leis orgânicas foram concebidas pelos amigos da ordem, e todas aquelas liberdades foram reguladas de maneira que a burguesia, ao gozá-las, não colidisse com os mesmos direitos das outras classes. Quando essas leis orgânicas proíbem totalmente essas liberdades "aos outros" ou permitem que sejam desfrutadas sob condições equivalentes a armadilhas policialescas, isso sempre ocorre apenas no interesse da "segurança pública", ou seja, da segurança da burguesia, tal como prescreve a Constituição. Por essa razão, em seguida, ambos os lados invocaram legitimamente a Constituição: tanto os amigos da ordem, que suprimiam essas liberdades, como os democratas, que exigiam todas elas. De fato, cada parágrafo da Constituição contém sua própria antítese, sua Câmara Alta e sua Câmara Baixa: no fraseado geral, a liberdade; na nota à margem, sua supressão. Portanto, enquanto o *nome* da liberdade foi respeitado e apenas sua verdadeira realização foi impedida, por certo mediante meios legais, a existência constitucional da liberdade permaneceu ilesa e intacta, embora sua existência *comum* tenha sido aniquilada.

Entretanto, tal como Aquiles,[34] essa Constituição, tornada inviolável de modo tão engenhoso, era vulnerável em um ponto; não no calcanhar, mas na cabeça ou, antes, nas duas cabeças em que culminava: a *Assembleia Legislativa*, de um lado, e o *presidente*, de outro. Basta folhear a Constituição para descobrir que apenas os parágrafos em que é estabelecida a relação do presidente com a Assembleia Legislativa são absolutos, positivos, incontroversos e sem distorção possível. Para os republicanos burgueses, neles se tratava de fato de salvaguardar a si mesmos. Os parágrafos 45-70 da Constituição são formulados de modo que a Assembleia Nacional possa depor o presidente constitucionalmente, enquanto o presidente só pode depor a Assembleia Nacional de maneira inconstitucional, suprimindo a própria Constituição. Portanto, nesse sentido, a Constituição estimula sua própria destruição violenta. Tal como a Carta de 1830, não apenas consagra a divisão dos poderes, mas também a amplia até torná-la uma contradição intolerável. Na Constituição de 1848, o *jogo dos poderes constitucionais*, tal como Guizot nomeava as rixas parlamentares entre os poderes Legislativo e Executivo, costuma apostar todas as suas fichas. Por um lado,

---

34. Segundo a lenda, Tétis, deusa do mar e mãe de Aquiles, quis imortalizá-lo mergulhando-o no Estige, rio do Hades. Porém, ao mergulhá-lo, segurou-o pelo calcanhar, que passou a ser o ponto fraco de seu filho. (N.T.)

750 representantes do povo, eleitos por sufrágio universal e reelegíveis, que formavam uma Assembleia Nacional incontrolável, indissolúvel e indivisível – uma Assembleia Nacional que goza de onipotência legislativa, que decide em última instância sobre a guerra, a paz e os tratados comerciais, que é a única a possuir o direito de anistia e, por ser permanente, garante constantemente seu lugar no primeiro plano da cena; por outro lado, o presidente, com todos os atributos do poder régio, com autoridade para nomear e depor seus ministros, independentemente da Assembleia Nacional, com todos os recursos do Poder Executivo em suas mãos, podendo distribuir todos os cargos, ou seja, decidir a vida de pelo menos um milhão e meio de pessoas na França, pois esse é o número dos que dependem dos quinhentos mil funcionários públicos e oficiais de todas as patentes. Ele tem o comando de todas as forças armadas. Goza do privilégio de poder perdoar alguns criminosos, suspender as guardas nacionais e de depor, em concordância com o Conselho de Estado, os conselhos gerais, cantonais e comunais eleitos pelos próprios cidadãos. A iniciativa e a direção de todos os tratados com o exterior lhe são reservadas. Enquanto a Assembleia está sempre em cena, exposta à crítica pública, ele conduz uma vida oculta nos Campos Elísios, tendo sempre diante dos olhos e no coração o artigo 45 da Constituição, que diariamente lhe clama: *"Frère, il faut mourir!"*.[35] Teu poder termina no segundo domingo do belo mês de maio, no quarto ano de tua eleição! Será o fim da glória, a peça não terá uma segunda apresentação, e, se tiveres dívidas, trata de saldá-las em tempo com os seiscentos mil francos que a Constituição te concede, a menos que prefiras mudar-te para Clichy[36] na segunda segunda-feira do belo mês de maio! – Se a Constituição atribui desse modo o poder real ao presidente, ela busca assegurar o poder moral à Assembleia Nacional. Sem levar em conta o fato de que é impossível criar um poder moral com parágrafos da lei, desse modo a Constituição torna a destruir a si própria ao permitir que o presidente seja eleito por todos os franceses mediante o sufrágio direto. Enquanto os votos da França se fragmentam nos 750 membros da Assembleia Nacional, aqui, ao contrário, se concentram em *um único* indivíduo. Enquanto cada representante do povo representa apenas este ou aquele partido, esta

---

35. "Irmão, é preciso morrer!" era o modo como se cumprimentavam os monges trapistas, da Ordem Cisterciense da Estrita Observância, fundada em 1664 e conhecida pela vida simples e austera de seus membros. (N.T.)

36. Antiga prisão de Paris que recebia os condenados por dívidas não pagas. (N.T.)

ou aquela cidade, esta ou aquela cabeça de ponte, ou simplesmente a necessidade de eleger qualquer um dos 750, sem considerar muito bem a questão ou a pessoa, *ele* é o eleito da nação, e o ato de sua eleição é o grande trunfo que o povo soberano joga uma vez a cada quatro anos. A Assembleia Nacional eleita tem uma relação metafísica com a nação, ao passo que o presidente eleito tem com ela uma relação pessoal. Em cada um de seus representantes, a Assembleia Nacional expõe muito bem os múltiplos aspectos do espírito nacional, mas é no presidente que esse espírito se encarna. Em relação à Assembleia Nacional, ele possui uma espécie de direito divino; é presidente pela graça do povo.

Tétis, deusa do mar, profetizara a Aquiles que ele morreria na flor da juventude. A Constituição, que tal como Aquiles tem seu ponto fraco, também como Aquiles pressentiu que morreria prematuramente. Bastava aos republicanos puros da Constituinte lançar do céu nebuloso de sua república ideal um olhar ao mundo profano para reconhecer que a arrogância dos monarquistas, dos bonapartistas, dos democratas e dos comunistas, bem como seu próprio descrédito, crescia diariamente na mesma proporção em que se aproximavam da coroação de sua grande obra de arte legislativa, sem que Tétis tivesse precisado deixar o mar para lhes confiar esse segredo. Tentaram enganar o destino com a astúcia constitucional do parágrafo 111, segundo o qual toda proposta de *revisão da Constituição* deve ser votada em três debates sucessivos, separados pelo intervalo de um mês inteiro, por pelo menos três quartos dos votos, desde que não menos de quinhentos membros da Assembleia votem. Com isso, apenas tentavam, de maneira impotente, continuar a exercer algum poder como minoria parlamentar, tal como já se concebiam profeticamente; um poder que, naquele momento em que dispunham da maioria parlamentar e de todos os recursos da autoridade governamental, escapava diariamente de suas frágeis mãos.

Por fim, em um parágrafo melodramático, a Constituição confiava--se "à vigilância e ao patriotismo de todo o povo francês, bem como de cada francês em particular", depois de ela própria, em outro parágrafo, ter confiado os "vigilantes" e "patriotas" à delicada e rigorosíssima atenção da Corte Suprema por ela inventada, a "Haute Cour".

Tal era a Constituição de 1848, que em 2 de dezembro de 1851 foi derrubada não por uma cabeça, mas pelo contato com um simples chapéu; contudo, esse chapéu era o tricórnio de Napoleão.

Enquanto na Assembleia os republicanos burgueses se ocupavam de excogitar, discutir e votar essa Constituição, fora da Assembleia Cavaignac mantinha o *estado de sítio de Paris*. Esse estado de sítio foi a parteira da Constituinte durante seu trabalho de parto republicano. Se mais tarde a Constituição foi varrida do mundo a golpes de baioneta, não se deve esquecer que também foi com baionetas, voltadas contra o povo, que foi protegida já no ventre materno e trazida ao mundo. Os antepassados dos "republicanos honestos" fizeram seu símbolo, o tricolor, circular pela Europa. Por sua vez, também inventaram algo que, por si só, abriu caminho por todo o continente, mas sempre retornou à França com amor renovado, até adquirir direito de cidadania em metade de seus departamentos. Essa invenção é o *estado de sítio*. Uma invenção excelente, periodicamente aplicada em cada crise ocorrida ao longo da Revolução Francesa. Porém, a caserna e o bivaque, que, portanto, também eram periodicamente colocados sobre a cabeça da sociedade francesa para comprimir seu cérebro e acalmá-la; o sabre e o mosquete, aos quais periodicamente se atribuíam as funções de juiz e administrador, de tutor e censor, de polícia e vigia noturno; o bigode e o uniforme militar, que periodicamente eram alardeados como sabedoria suprema e reitores da sociedade, não deveriam chegar à conclusão de que era melhor salvar a sociedade de uma vez por todas, proclamando seu próprio regime como o supremo e libertando a sociedade civil da preocupação de governar-se por si mesma? A caserna e o bivaque, o sabre e o mosquete, o bigode e o uniforme militar tinham de chegar a essa conclusão sobretudo porque podiam esperar receber um pagamento melhor em dinheiro por seus elevados serviços, ao passo que no estado de sítio meramente periódico e nos salvamentos transitórios da sociedade, por ordem desta ou daquela fração da burguesia, pouco tinham a ganhar, a não ser pelos mortos, pelos feridos e por algumas caretas amigáveis da burguesia. Não deveriam as forças armadas, ao menos uma vez, brincar de estado de sítio em seu próprio interesse e para seu próprio interesse e, ao mesmo tempo, assediar os bolsos da burguesia? De resto, diga-se de passagem, não se deve esquecer que o *coronel Bernhard*, o mesmo presidente da comissão militar que, sob Cavaignac, deportara 15 mil insurgentes sem julgamento, nesse momento se encontra novamente na liderança das comissões militares ativas em Paris.

Se, por um lado, com o estado de sítio de Paris, os republicanos honestos e puros criaram a sementeira onde deveriam crescer os pretorianos[37]

---

37. Membro da guarda dos imperadores na Roma Antiga. Neste texto, Marx alude aos militares da Sociedade de 10 de dezembro, que ajudou Bonaparte a realizar o golpe de Estado. (N.T.)

de 2 de dezembro de 1851, por outro, merecem ser elogiados porque, em vez de exagerar o sentimento nacional, tal como ocorrido sob Luís Filipe, agora que dispõem do poder nacional, arrastam-se diante de nações estrangeiras e, em vez de libertar a Itália, permitem que seja reconquistada pelos austríacos e napolitanos.[38] A eleição de Luís Bonaparte para presidente, em 10 de dezembro de 1848, pôs um fim à ditadura de Cavaignac e à Constituinte.

No parágrafo 44 da Constituição, lê-se: "O presidente da República Francesa nunca deve ter perdido seu status de cidadão francês". O primeiro presidente da República Francesa, Luís Bonaparte, não apenas perdera seu status de cidadão francês, não apenas fora *special constable*, mas era até um suíço naturalizado.[39] Em outra passagem,[40] demonstrei a importância da eleição de 10 de dezembro. Não retornarei a esse assunto. Aqui, basta ressaltar que ela foi uma *reação dos camponeses*, que tiveram de pagar as despesas da Revolução de Fevereiro, contra as classes restantes da nação; uma *reação do campo contra a cidade*. Foi muito bem recebida pelo Exército, ao qual os republicanos do *National* não deram glória nem prêmios, seja entre a grande burguesia, que saudou Bonaparte como ponte para a monarquia, seja entre os proletários e pequeno-burgueses, que o saudaram como um castigo para Cavaignac. Mais adiante, encontrarei a ocasião para me aprofundar na relação dos *camponeses* com a Revolução Francesa.

O período que vai de 20 de dezembro de 1848 à dissolução da Constituinte, em maio de 1849, abrange a história da queda dos republicanos burgueses. Depois de terem fundado uma república para a burguesia, expulsado o proletariado revolucionário da área e reduzido momentaneamente a pequena burguesia democrática ao silêncio, eles próprios foram postos de lado pela massa da burguesia, que com razão confiscou essa república como *sua propriedade*. No entanto, essa massa burguesa era *monarquista*. Parte dela, composta de grandes proprietários de terra, havia reinado sob a *Restauração* e, portanto, era *legitimista*. A outra parte, composta de aristocratas financeiros e

---

38. Referência à ajuda diplomática oferecida por Cavaignac ao Reino de Nápoles e à Áustria para reprimir as insurreições na Itália, embora ele tivesse declarado uma política de não interferência. (N.T.)

39. Em 1832, Luís Napoleão Bonaparte naturalizou-se suíço no cantão da Turgóvia. Em 1848, quando residiu na Inglaterra, tornou-se *special constable*, ou seja, funcionário da polícia inglesa em serviço especial. (N.T.)

40. *As lutas de classe na França de 1848 a 1850.* – II. O 13 de junho de 1849. (N.T.)

grandes industriais, reinara sob a Monarquia de Julho e, portanto, era *orleanista.* Os grandes dignitários do Exército, da universidade, da Igreja, do *barreau* [ordem dos advogados], da academia e da imprensa repartiram-se em ambos os lados, embora em proporções diferentes. Na república burguesa, que não carregava nem o nome *Bourbon* nem o *Orleans,* mas o nome *capital,* encontraram a forma de Estado em que podiam reinar *em comum.* Já a Insurreição de Junho os unira no "partido da ordem". Tratava-se, então, de afastar a *coterie* dos republicanos burgueses que ainda ocupavam cadeiras na Assembleia Nacional. Assim como foram brutais ao abusar da força física contra o povo, esses republicanos puros se mostraram covardes, tímidos, pusilânimes, abatidos e incapazes de lutar ao se retirar justamente no momento de afirmar seu republicanismo e seu direito legislativo contra o Poder Executivo e os monarquistas. Não cabe a mim contar aqui a ignominiosa história de sua dissolução. Foi um perecimento, não um ocaso. Sua história terminou para sempre, e no período seguinte, tanto dentro como fora da Assembleia, eles só figuram como lembranças; lembranças que parecem ganhar vida de novo tão logo se trate mais uma vez do mero nome da república, e sempre que o conflito revolucionário ameaça descer ao nível mais baixo. Noto de passagem que o jornal que dera seu nome ao partido, *Le National,* converteu-se ao socialismo no período sucessivo.

Antes de encerrarmos esse período, ainda temos de lançar um olhar retrospectivo aos dois poderes, um dos quais aniquilou o outro em 2 de dezembro de 1851, enquanto de 20 de dezembro de 1848 até a saída da Constituinte viveram em relações conjugais. De um lado, referimo-nos a Luís Bonaparte e, de outro, ao partido dos monarquistas coligados, da ordem, da grande burguesia. Ao assumir a presidência, Bonaparte formou de imediato um ministério do partido da ordem, em cuja liderança colocou Odilon Barrot,[41] *nota bene* ex-chefe da fração mais liberal da burguesia parlamentar. Finalmente, o senhor Barrot havia conseguido pôr as mãos no ministério, cujo espectro o perseguia desde 1830, e mais ainda, na presidência desse ministério; porém, não como havia imaginado sob Luís Filipe, na qualidade de chefe mais avançado da oposição parlamentar, e sim com a missão de assassinar um parlamento e na qualidade de aliado de todos os seus arqui-inimigos, os jesuítas e os

---

41. Camille Hyacinthe Odilon Barrot (1791-1873): advogado orleanista e líder da oposição dinástica sob a Monarquia de Julho. Foi primeiro-ministro da França de 20 de dezembro de 1848 a 31 de outubro de 1849. (N.T.)

legitimistas. Finalmente levava a noiva para casa, mas apenas depois que ela já se havia prostituído. O próprio Bonaparte parecia eclipsar-se por completo. Esse partido agia por ele.

Já no primeiro Conselho Ministerial, decidiu-se a expedição a Roma, que, conforme combinado, deveria ocorrer à revelia da Assembleia Nacional, da qual se retirariam os recursos necessários sob um falso pretexto. Desse modo, iniciou-se uma trapaça contra a Assembleia Nacional e uma conspiração secreta com os poderes absolutos do exterior[42] contra a República Romana revolucionária. Do mesmo modo e com as mesmas manobras, Bonaparte preparou seu *coup* [golpe] de 2 de dezembro contra a Assembleia Legislativa monarquista e sua república constitucional. Não nos esqueçamos de que o mesmo partido, que em 20 de dezembro de 1848 formava o ministério de Bonaparte, em 2 de dezembro de 1851 formava a maioria da Assembleia Nacional Legislativa.

Em agosto, a Constituinte decidira dissolver-se somente após elaborar e promulgar toda uma série de leis orgânicas, destinadas a completar a Constituição. Em 6 de janeiro de 1849, por meio de seu representante Rateau,[43] o partido da ordem lhe propôs não interferir nas leis orgânicas e, antes, decidir sua *própria dissolução*. Nesse momento, não apenas o ministério, sob o comando do senhor Odilon Barrot, mas todos os membros monarquistas da Assembleia Nacional lhe declararam em tom austero que sua solução se fazia necessária para o restabelecimento do crédito e a consolidação da ordem, para dar um fim à situação provisória e indeterminada, e criar um estado definitivo; declararam ainda que ela impedia a produtividade do novo governo e tentava prolongar sua própria existência por puro rancor, mas que o país estava cansado dela. Bonaparte tomou nota de todas essas invectivas contra o Poder Legislativo, decorou-as e, em 2 de dezembro de 1851, demonstrou aos monarquistas parlamentares que as tinha aprendido com eles. E repetiu contra eles seus próprios argumentos.

O ministério de Barrot e o partido da ordem prosseguiram. Em toda a França, suscitaram *petições* à Assembleia Nacional, nas quais esta era gentilmente convidada a se retirar. Assim, inflamaram as massas populares inorgânicas contra a Assembleia Nacional, expressão constitucionalmente organizada do povo. Ensinaram Bonaparte a

---

42. Marx se refere à Áustria, à Espanha e ao Reino das Duas Sicílias. (N.T.)
43. Jean Pierre Rateau (1800-1887): advogado orleanista e membro do partido da ordem. Sua proposta de dissolver a Assembleia Constituinte de 1848, conhecida como *proposition Rateau*, foi acatada em janeiro de 1849. (N.T.)

apelar ao povo contra as assembleias parlamentares. Por fim, em 29 de janeiro de 1849, chegara o dia em que a Constituinte deveria decidir sobre sua própria dissolução. A Assembleia Nacional encontrou o local de suas reuniões ocupado pelos militares. Changarnier,[44] general do partido da ordem, em cujas mãos se reunia o comando supremo da Guarda Nacional e das tropas de linha, organizou uma grande parada militar em Paris, como se uma batalha fosse iminente, e os monarquistas coligados declararam à Constituinte, em tom ameaçador, que se empregaria a força caso ela não cedesse. A Assembleia cedeu e apenas negociou uma breve prorrogação. O que mais foi o dia 29 de janeiro senão o *coup d'État* de 2 de dezembro de 1851, desta vez perpetrado pelos monarquistas contra a Assembleia Nacional republicana, com a colaboração de Bonaparte? Esses senhores não notaram ou não quiseram notar que Bonaparte usou o dia 29 de janeiro de 1849 para fazer com que parte das tropas passasse por ele, desfilando diante das Tulherias, e agarrou com avidez essa primeira convocação pública do poder militar contra o poder parlamentar para prenunciar Calígula.[45] Contudo, viam apenas seu Changarnier.

Umas das razões que ainda moviam o partido da ordem, de modo particular, a abreviar com violência a existência da Constituinte eram as leis *orgânicas* que completavam a Constituição, como a lei de ensino, de culto etc. Aos monarquistas coligados interessava, acima de tudo, ser eles próprios os autores dessas leis, e não deixar que fossem feitas pelos republicanos, que já andavam desconfiados. Contudo, entre essas leis orgânicas também se encontrava outra sobre a responsabilidade do presidente da República. Em 1851, a Assembleia Legislativa ocupava-se justamente de elaborar uma lei semelhante quando Bonaparte antecipou esse golpe com o de 2 de dezembro. O que os monarquistas coligados não teriam dado, em sua campanha parlamentar de inverno de 1851, para encontrar pronta a lei de responsabilidade, e ainda por cima redigida por uma assembleia republicana desconfiada e hostil!

Depois que a Constituinte rompeu por si própria sua última arma, em 29 de janeiro de 1849, o ministério de Barrot e os amigos da ordem

---

44. Nicolas Anne Théodule Changarnier (1793-1877): general e político francês, foi candidato monarquista à presidência da França, em 1848. Como comandante da divisão da Guarda Nacional de Paris, pôs em prática uma visão militar da política, tal como havia feito como governador-geral da Argélia. (N.T.)

45. Caio Júlio César Augusto Germânico (12-41): imperador romano, conhecido por sua crueldade, foi assassinado pela guarda pretoriana. (N.T.)

açodaram-na à morte, não pouparam nada que pudesse humilhá-la e arrancaram de sua fragilidade desesperada leis que lhe custaram o último resquício de consideração por parte do público. Tomado por sua ideia fixa napoleônica,[46] Bonaparte foi audaz o suficiente para explorar publicamente essa degradação do poder parlamentar. De fato, em 8 de maio de 1849, quando a Assembleia Nacional infligiu um voto de censura ao ministério devido à ocupação de Civitavecchia por parte de Oudinot[47] e ordenou que a expedição romana fosse reconduzida à sua suposta finalidade, Bonaparte publicou na mesma noite, em *Le Moniteur*, uma carta a Oudinot, na qual o felicitava por seus feitos heroicos e já posava como protetor magnânimo do Exército em oposição aos parlamentares burocratas. Os monarquistas sorriram a isso. Simplesmente o consideravam seu *dupe* [alguém fácil de enganar]. Por fim, quando Marrast, presidente da Constituinte, acreditou por um instante que a segurança da Assembleia Nacional corria perigo e, apoiando-se na Constituição, requereu um coronel com seu regimento, o coronel recusou-se a lhe obedecer, alegando a disciplina, e enviou Marrast a Changarnier, que o repeliu ironicamente, com a observação de que não gostava de *baïonnettes inteligentes* [baionetas inteligentes]. Em novembro de 1851, quando os monarquistas coligados quiseram iniciar a batalha decisiva contra Napoleão, tentaram impor, com seu célebre *projeto de lei dos questores*,[48] o princípio da requisição direta das tropas por parte do presidente da Assembleia Nacional. Um de seus generais, Leflô,[49] assinara o projeto de lei. Em vão, Changarnier votou a favor do projeto, e Thiers[50] prestou homenagem à sabedoria precavida da antiga Constituinte. *Saint-Arnaud,*[51] *ministro da Guerra*, respondeu-lhe como Changarnier havia respondido a Marrast, e sob os aplausos da Montagne!

---

46. Referência ao livro *Des idées napoléoniennes*, escrito por Luís Bonaparte na Inglaterra e publicado em Paris e Bruxelas, em 1839. (N.T.)

47. Nicolas Charles Victor Oudinot (1791-1863): general francês da Revolução e do Império. Comandou a expedição contra a República Romana. (N.T.)

48. Tal como os questores romanos, os da Assembleia Legislativa se encarregavam das finanças e da administração interna. O projeto de lei que outorgava ao presidente da Assembleia Nacional o direito de convocar as tropas foi rejeitado após intenso debate. (N.T.)

49. Adolphe Emmanuel Charles Leflô (1804-1887): general, membro do partido da ordem. Combateu a política de Napoleão III e exilou-se após o golpe de 2 de dezembro de 1851. Em 1870, com a proclamação da Terceira República, tornou-se ministro da Guerra. (N.T.)

50. Louis Adolphe Thiers (1797-1877): político e historiador francês. Foi o segundo presidente eleito da França e o primeiro da Terceira República Francesa. (N.T.)

51. Arman Leroy de Saint-Arnaud (1801-1854): ministro da Guerra de 1851 a 1854. Ajudou a organizar o golpe de Estado de 2 de dezembro. (N.T.)

Desse modo, o próprio *partido da ordem*, quando ainda não era Assembleia Nacional, mas apenas ministério, estigmatizara o *regime parlamentar*. E pusera-se a gritar quando o dia 2 de dezembro baniu esse regime da França!

Desejamos-lhe boa viagem.

III

A Assembleia Nacional Legislativa reuniu-se em 28 de maio de 1849. No dia 2 de dezembro de 1851, foi dissolvida. Esse período compreende a existência da *república constitucional ou parlamentar*.

Na primeira Revolução Francesa, ao domínio dos *constitucionais* seguiu-se o dos *girondinos*, e ao destes, o dos *jacobinos*. Cada um desses partidos apoiou-se no mais avançado. Assim que cada um deles levou a revolução longe o suficiente para não mais segui-la e, menos ainda, poder antecedê-la, foi posto de lado pelo aliado mais ousado, que estava atrás dele, e mandado à guilhotina. Assim, a revolução se move em uma linha ascendente. O contrário se deu com a Revolução de 1848. O partido proletário aparece como apêndice daquele pequeno-burguês e democrata. É traído e abandonado por ele em 16 de abril, em 15 de maio e nas Jornadas de Junho. O partido democrata, por sua vez, apoia-se nos ombros do partido republicano burguês. Mal acreditam estar bem estabelecidos, os republicanos burgueses se livram de seu companheiro inoportuno e se apoiam nos ombros do partido da ordem. Este encolhe os ombros, derruba os republicanos burgueses e se lança nos ombros da força armada. Crê ainda estar sobre os ombros dela quando, em uma bela manhã, nota que se transformaram em baionetas. Cada partido desfere coices contra o que o empurra para a frente e se apoia no que o empurra para trás. Não é de admirar que percam o equilíbrio nessa posição ridícula e, depois de fazer as inevitáveis caretas, desabem com estranhas cambalhotas. Desse modo, a revolução se move em linha descendente. Encontra-se nesse movimento regressivo antes que a última barricada de fevereiro tenha sido removida e a primeira autoridade revolucionária constituída.

O período que temos à frente abrange a mistura mais heterogênea de contradições gritantes: constitucionais que conspiram abertamente contra a Constituição; revolucionários que admitem ser constitucionais; uma Assembleia Nacional que quer ser onipotente, mas sempre permanece parlamentar; uma Montagne que encontra sua vocação na tolerância e reage às suas presentes derrotas profetizando vitórias futuras; monarquistas que formam os *patres conscripti*[52] da República e são forçados pela situação a manter no exterior as inimigas casas reais, das quais são partidários, e na França a República que odeiam; um Poder Executivo que encontra força em sua própria fraqueza e respeitabilidade no desprezo que inspira; uma República que nada mais é do que a infâmia combinada de duas monarquias, a Restauração e a Monarquia de Julho, com uma etiqueta imperialista – alianças cuja primeira cláusula é a cisão; lutas cuja primeira lei é a indecisão; em nome da tranquilidade, uma agitação desordenada e sem conteúdo; em nome da revolução, a mais solene pregação da tranquilidade; paixões sem verdade, verdades sem paixão; heróis sem ações heroicas; história sem acontecimentos; uma evolução cuja única força propulsora parece ser o calendário e que entedia por repetir sempre as mesmas tensões e distensões; antagonismos que periodicamente parecem atingir seu clímax apenas para se tornar menos aguçados e precipitar sem conseguir se resolver; esforços pretensiosamente expostos e temores burgueses diante do perigo do fim do mundo; e, ao mesmo *tempo*, desempenhadas pelos salvadores do mundo, as mais mesquinhas intrigas e comédias de corte, que em seu *laisser-aller* [despreocupação] lembram mais o tempo da Fronda[53] do que o dia do Juízo Final – toda a genialidade oficial da França aniquilada pela estupidez astuta de um único indivíduo; toda a vontade da nação, sempre que se exprime no sufrágio universal, busca sua expressão adequada nos inimigos inveterados dos interesses das massas, até finalmente encontrá-la no arbítrio de um flibusteiro. Se há uma época da história pintada de cinza sobre cinza, é esta. Pessoas e acontecimentos parecem Schlemihl[54] ao contrário, sombras que perderam o corpo. A própria revolução paralisa seus defensores e provê apenas seus adversários de violência passional. Quando finalmente aparece o "espectro vermelho",[55] sempre evocado e esconjurado pelos contrarrevolucionários, não o faz com o barrete frígio dos anarquistas na cabeça, e sim com o uniforme da ordem, em *calças vermelhas*.[56]

---

52. Pais conscritos: título honorífico dos senadores romanos. (N.T.)
53. Movimento ocorrido entre 1648 e 1653 contra o regime absolutista francês. (N.T.)
54. Peter Schlemihl, protagonista de uma novela de Adalbert von Chamisso que vende a própria sombra ao diabo. (N.T.)
55. Referência a *Le spectre rouge*, panfleto de 1852, escrito pelo escritor e dramaturgo François-Auguste Romieu, partidário de Luís Bonaparte. (N.T.)
56. As calças do Exército. (N.T.)

Vimos que o ministério instalado por Bonaparte em 20 de dezembro de 1848, dia de sua Ascensão,[57] foi um ministério do partido da ordem, da coalizão legitimista e orleanista. Esse ministério Barrot-Falloux[58] sobrevivera à Constituinte republicana, cuja existência abreviara de maneira mais ou menos violenta, e ainda se encontrava no poder. Changarnier, general dos monarquistas aliados, continuou a reunir em sua pessoa o comando-geral da primeira divisão militar e da Guarda Nacional parisiense. Finalmente, as eleições gerais tinham assegurado ao partido da ordem a maioria ampla na Assembleia Nacional. Nela os deputados e pares de Luís Filipe encontraram uma sagrada legião de legitimistas, para os quais as inúmeras cédulas eleitorais da nação se transformaram em ingressos para o palco político. Os representantes bonapartistas do povo eram escassos demais para formar um partido parlamentar autônomo. Apareciam apenas como *mauvaise queue* [apêndice ruim] do partido da ordem. Desse modo, o partido da ordem estava de novo de posse do poder governamental, do Exército e do corpo legislativo – em suma, de todo o poder do Estado –, moralmente fortalecido pelas eleições gerais, que faziam seu domínio aparecer como a vontade do povo, e pela vitória simultânea da contrarrevolução em todo o continente europeu.

Nunca um partido iniciara sua campanha com recursos tão significativos e sob auspícios tão favoráveis.

Na Assembleia Nacional Legislativa, os *republicanos puros* e náufragos viram-se reduzidos a uma clique de cerca de cinquenta homens, liderados pelos generais africanos Cavaignac, Lamoricière[59] e Bedeau.[60] No entanto, o grande partido de oposição foi formado pela *Montagne*, nome com o qual o partido *social-democrata* se batizara. Dispunha de mais de 200 dos 750 votos da Assembleia Nacional e, portanto, era pelo menos tão forte como qualquer uma das três frações do partido da

---

57. Mudança para o Palácio do Eliseu, residência oficial do presidente. (N.T.)

58. Fréderic Alfred Pierre de Falloux (1811-1886): historiador e político francês. Apoiou a candidatura de Luís Napoleão Bonaparte e foi nomeado ministro da Instrução Pública no primeiro governo de Odilon Barrot, em dezembro de 1848. (N.T.)

59. Christophe Louis Léon Juchault de Lamoricière (1806-1865): ministro da Guerra em 1848, participou ativamente da repressão das Jornadas de Junho. Exilou-se após o golpe de Estado por ter feito oposição a Luís Napoleão Bonaparte. (N.T.)

60. Marie-Alphonse Bedeau (1804-1863): general e político francês, foi governador da Argélia em 1847 e ocupou vários cargos militares no governo provisório. Foi vice-presidente da Assembleia Legislativa e da Assembleia Constituinte. Por ter sido contra o golpe de Estado de 2 de dezembro de 1851, foi preso pelo marechal Saint-Arnaud. (N.T.)

ordem, consideradas separadamente. Sua relativa minoria em relação a toda a coalizão monarquista parecia compensada por circunstâncias especiais. As eleições departamentais demonstraram não apenas que esse partido conquistara um apoio considerável entre a população rural, mas também que em seu meio contava com quase todos os deputados de Paris. O Exército fizera uma declaração de fé democrática ao eleger três suboficiais, e Ledru-Rollin, chefe da Montagne, diferentemente de todos os representantes do partido da ordem, fora elevado à nobreza parlamentar por cinco departamentos, que uniram seus votos em seu favor. Portanto, em 28 de maio de 1849, tendo em vista os inevitáveis conflitos dos monarquistas entre si e de todo o partido da ordem com Bonaparte, a Montagne parecia ter à sua frente todos os elementos para o sucesso. Catorze dias depois, perdera tudo, inclusive a honra.

Antes de continuarmos com a história parlamentar, há que se fazer algumas observações a fim de evitar as habituais ilusões sobre todo o caráter da época que temos adiante. Segundo a visão dos democratas, durante o período da Assembleia Nacional Legislativa, trata-se da simples luta entre republicanos e monarquistas, tal como no período da Constituinte. No entanto, resumem o movimento em si a *uma única* palavra-chave: "reação" – noite em que todos os gatos são pardos e que lhes permite salmodiar seus lugares-comuns dignos de guardas noturnos. E, sem dúvida, o partido da ordem mostra à primeira vista um emaranhado de diversas frações monarquistas, que não apenas armam intrigas umas contra as outras, com o intuito de elevar ao trono o próprio pretendente e excluir o da fração adversária, mas também se reúnem todas no ódio comum e nos ataques comuns contra a "República". A Montagne, por sua vez, em oposição a essa conspiração monarquista, aparece como representante da "República". O partido da ordem aparece constantemente ocupado com uma "reação" que se dirige, nem mais nem menos do que na Prússia, contra a imprensa, as associações e instituições semelhantes e, ainda como na Prússia, é praticada com brutais intervenções policiais da burocracia, da *gendarmerie* [corpo de gendarmes] e dos tribunais. De sua parte, a "Montagne" também continua ocupada em repelir esses ataques e, assim, defender os "eternos direitos humanos", como mais ou menos fez há um século e meio todo partido chamado de popular. Entretanto, observando a situação e os partidos mais de perto, essa aparência superficial que encobre a *luta de classes* e a fisionomia peculiar desse período desaparece.

Como já dito, legitimistas e orleanistas formam as duas grandes frações do partido da ordem. Mas o que unia essas frações a seus pretendentes e as separava uma da outra não seria algo diferente da flor-de-lis e da bandeira tricolor, da Casa de Bourbon e da Casa de Orleans, diferentes nuanças do monarquismo? Não seria a profissão de fé na monarquia? Sob os Bourbon reinara o *grande poder latifundiário*, com seus padres e lacaios; sob os Orleans, a alta finança, a grande indústria, o grande comércio, ou seja, *o capital*, com seu séquito de advogados, professores e aduladores. O reinado legítimo foi apenas a expressão política do domínio hereditário dos proprietários de terras, assim como a Monarquia de Julho foi apenas a expressão política do domínio usurpado dos *parvenus* [novos-ricos] burgueses. Portanto, o que separava essas frações não eram os chamados princípios, e sim suas condições materiais de existência, dois tipos diferentes de propriedade; era o velho contraste entre cidade e campo, a rivalidade entre capital e propriedade fundiária. Quem nega que, ao mesmo tempo, antigas lembranças, hostilidades pessoais, temores e esperanças, preconceitos e ilusões, simpatias e antipatias, convicções, artigos de fé e princípios as uniram a uma ou outra casa real? Nas diversas formas de propriedade e nas condições sociais de existência, ergue-se toda uma superestrutura de sensações, ilusões, modos de pensar e visões de vida diferentes e formados de maneira peculiar. Toda a classe cria e dá uma forma a essa superestrutura a partir de seus fundamentos materiais e das relações sociais correspondentes. O indivíduo isolado, ao qual elas chegam por meio da tradição e da educação, pode imaginar que constituem as verdadeiras razões determinantes e o ponto de partida de sua atividade. Se cada fração – orleanistas e legitimistas – tentava persuadir a si mesma e a outra de que a lealdade às suas duas casas reais era o que as separava, mais tarde a realidade comprovou que era, antes, a divergência entre seus interesses a impedir a união de ambas as casas. E, assim como na vida privada se distingue entre o que um homem pensa e diz de si próprio e o que ele realmente é e faz, nas lutas históricas há que se distinguir ainda mais entre os discursos vazios e as pretensões dos partidos, e seu organismo real e seus interesses reais, o que eles imaginam e o que é sua realidade. Na República, orleanistas e legitimistas encontravam-se lado a lado com as mesmas reivindicações. Se cada lado queria impor ao outro a *restauração* de sua *própria* casa real, isso significava simplesmente que cada um dos *dois grandes interesses* em que se dividia a burguesia – propriedade fundiária e capital – tentava restaurar a própria supremacia e a subordinação do outro. Estamos falando de dois interesses da burguesia, pois a grande propriedade de terra, apesar de seu flerte com o feudalismo e de seu orgulho racial, aburguesou-se por completo com o desenvolvimento da sociedade moderna. Assim, por muito tempo, os *tories*[61] na Inglaterra imaginaram-se entusiastas da monarquia, da Igreja e das belezas da velha Constituição inglesa, até o dia em que o perigo lhes arrancou a confissão de que se entusiasmavam apenas com a *renda fundiária*. Os monarquistas coligados tramavam suas intrigas uns contra os outros na imprensa, em Ems, em Claremont,[62] fora do Parlamento. Nos bastidores, tornavam a vestir suas antigas librés orleanistas e legitimistas, e retomavam seus antigos torneios. Porém, na cena pública, em suas ações capitais e de Estado,[63] como grande partido parlamentar, despachavam suas respectivas dinastias com meras reverências e adiavam *ad infinitum* a restauração da monarquia. Cumpriam sua real função como *partido da ordem*, ou seja, sob um título *social*, não *político*; como representantes da ordem mundial burguesa, não como cavaleiros de princesas errantes; como classe burguesa contra todas as outras classes, não como monarquistas contra republicanos. E, como partido da ordem, exerceram sobre as outras classes da sociedade um domínio mais ilimitado e severo do que haviam exercido antes sob a Restauração ou sob a Monarquia de Julho; um domínio que, de modo geral, só era possível na forma da república parlamentar, pois apenas nela as duas grandes divisões da burguesia francesa podiam unir-se e, portanto, colocar na ordem do dia o domínio de sua classe em vez do regime de uma fração privilegiada dessa classe. Se mesmo assim, também como partido da ordem, insultaram a República e manifestaram sua aversão por ela, isso ocorreu não apenas por lembranças monarquistas. O instinto as ensinou que, embora a República completasse seu domínio político, ao mesmo tempo solapava seu fundamento social, uma vez que são obrigadas a confrontar-se com as classes subjugadas e a lutar com elas sem mediação, sem o abrigo da

---

61. Membros do partido conservador inglês, que representava a aristocracia. (N.T.)

62. Ems, na Alemanha, era a sede do pretendente ao trono francês da dinastia Bourbon, o conde de Chambord. Claremont, nas proximidades de Londres, era a sede do pretendente orleanista, Luís Filipe, que fugira para a Inglaterra após a Revolução de Fevereiro. (N.T.)

63. Em alemão: *Haupt-und Staatsaktionen*, expressão que originalmente se refere às peças teatrais apresentadas pelas trupes itinerantes alemãs do século XVII e primeira metade do século XVIII, caracterizadas pelo improviso. As "ações principais" (*Hauptaktionen*) eram acompanhadas por outras secundárias, de cunho burlesco. Como o conteúdo dessas peças costumava ser político e histórico, também recebiam o nome de *Staatsaktionen* (literalmente, ações de Estado). Na historiografia objetiva, que teve Leopold von Ranke como seu principal representante, a expressão foi usada para denotar acontecimentos políticos de grande importância. Por fim, há também que se dizer que essa expressão se tornou um idiomatismo da língua alemã (*eine Haupt-und Staatsaktion aus etwas machen*) para designar a dramatização de algo sem importância, ou seja, fazer tempestade em copo d'água. (N.T.)

coroa e sem poder desviar o interesse nacional com suas lutas subalternas entre si e com a monarquia.

Era um sentimento de fraqueza que as fazia recuar tremendo diante das puras condições de seu próprio domínio de classe e ter saudade das formas mais incompletas, mais subdesenvolvidas e, justamente por isso, mais inofensivas desse mesmo domínio.

Em contrapartida, sempre que os monarquistas coligados entram em conflito com o pretendente que se opõe a eles, com Bonaparte; sempre que acreditam que sua onipotência parlamentar é ameaçada pelo Poder Executivo; portanto, sempre que têm de ostentar o título político de seu domínio, apresentam-se como *republicanos*, não como *monarquistas* – desde o orleanista Thiers, que adverte a Assembleia Nacional de que a república é o regime que menos os divide, até o legitimista Berryer,[64] que, em 2 de dezembro de 1851, cingido pela faixa tricolor, como tribuno arenga o povo reunido diante do edifício municipal do décimo *arrondissement* [divisão administrativa], em nome da República. Contudo, o eco zombeteiro lhe responde: "Henrique V! Henrique V!".

Em oposição à burguesia coligada, formara-se uma coalizão entre pequeno-burgueses e operários, o chamado partido *social-democrata*. Após as Jornadas de Junho de 1848, os pequeno-burgueses viam-se mal recompensados; seus interesses materiais estavam ameaçados, e as garantias democráticas que lhes deveriam assegurar a validação desses interesses eram questionadas pela contrarrevolução. Por isso, aproximaram-se dos operários. Por outro lado, sua representação parlamentar, a *Montagne*, posta de lado durante a ditadura dos republicanos burgueses, tinha reconquistado sua popularidade perdida lutando contra Bonaparte e os ministros monarquistas na segunda metade da vida da Constituinte. Havia firmado uma aliança com os líderes socialistas. Em fevereiro de 1849, celebraram-se banquetes de reconciliação. Esboçou-se um programa comum, instituíram-se comitês eleitorais comuns e apresentaram-se candidatos comuns. Das exigências sociais do proletariado rompera-se o efeito revolucionário, e a elas se dera uma expressão democrática; das reivindicações democráticas da pequena burguesia tirara-se a forma meramente política e acentuara-se seu efeito socialista. Assim surgiu a *social-democracia*. Descontados alguns figurantes da classe operária e alguns sectários socialistas, a nova *Montagne*, resultado dessa combinação, continha os mesmos elementos da antiga, mas era numericamente

---

64. Pierre-Antoine Berryer (1790-1868): advogado e político francês. Porta-voz dos legitimistas, tornou-se célebre por suas defesas eloquentes de causas difíceis e da liberdade de imprensa, de associação e religiosa. (N.T.)

mais forte. No entanto, ao longo de sua evolução, mudara junto com a classe que representava. O caráter peculiar da social-democracia resume-se ao fato de que instituições democrático-republicanas são exigidas como meios não para eliminar ambos os extremos, o capital e o trabalho assalariado, mas para atenuar seu contraste e transformá-lo em harmonia. Por mais diferentes que sejam as medidas propostas para se alcançar esse objetivo, por mais ornado que ele seja com representações mais ou menos revolucionárias, o conteúdo permanece o mesmo. Esse conteúdo é a transformação da sociedade de maneira democrática, mas uma transformação dentro dos limites da pequena burguesia. Não se devem imaginar as coisas de maneira restrita, como se a pequena burguesia quisesse, por princípio, impor um interesse de classe egoísta. Ela acredita, antes, que as condições *especiais* de sua libertação sejam as condições *gerais*, nas quais apenas a sociedade moderna pode ser salva, e a luta de classes, evitada. Tampouco se deve imaginar que os representantes democráticos são todos *shopkeepers* [lojistas] ou que se entusiasmem por eles. De acordo com sua formação e situação individual, podem estar separados deles por uma distância abissal. O que os faz representantes do pequeno-burguês é o fato de que, intelectualmente, não vão além dos limites que esse último ultrapassa em sua vida e, portanto, em teoria, são levados às mesmas tarefas e soluções às quais o interesse material e a situação social conduzem o pequeno-burguês na prática. De modo geral, essa é a relação dos *representantes políticos* e *literários* de uma classe com a classe que representam.

Pelo que já se expôs, é evidente que, se a Montagne continuar a lutar contra o partido da ordem pela República e pelos chamados direitos humanos, nem a República nem os direitos humanos serão seu último objetivo, assim como um exército que se tenta desarmar e que resiste não entra no campo de batalha apenas para permanecer de posse de suas armas.

Assim que a Assembleia Nacional se reuniu, o partido da ordem provocou a Montagne. Nesse momento, a burguesia sentiu necessidade de acabar com os pequeno-burgueses democratas, tal como um ano antes compreenderam que era necessário terminar com o proletariado revolucionário. No entanto, a situação do adversário era diferente. A força do partido proletário estava nas ruas, e a dos pequeno-burgueses, na própria Assembleia Nacional. Portanto, tratava-se de atraí-los da Assembleia Nacional para as ruas e levá-los a destruir por conta própria seu poder parlamentar, antes que o tempo e a ocasião pudessem consolidá--lo. A Montagne precipitou-se a toda velocidade na armadilha.

O bombardeio de Roma pelas tropas francesas foi a isca lançada. Violava o artigo V da Constituição, que proibia a República Francesa de empregar suas forças militares contra as liberdades de outro povo. Além disso, o artigo 54 proibia toda declaração de guerra por parte do Poder Executivo sem a concordância da Assembleia Nacional; e a Constituinte, com sua decisão de 8 de maio, desaprovara a expedição romana. Baseando-se nesses princípios, em 11 de junho de 1849, Ledru-Rollin depositou um ato de acusação contra Bonaparte e seus ministros. Irritado com as picadas de vespa de Thiers, deixou-se arrebatar e chegou a ameaçar defender a Constituição com todos os meios, até mesmo com armas em punho. A Montagne ergueu-se como *um só* homem e repetiu esse apelo às armas. Em 12 de junho, a Assembleia Nacional rejeitou o ato de acusação, e a Montagne deixou o Parlamento. Os acontecimentos de 13 de junho são conhecidos: a proclamação de parte da Montagne, declarando Bonaparte e seus ministros "fora da Constituição"; a procissão nas ruas das guardas nacionais democráticas, que, desarmadas como estavam, dispersaram-se ao deparar com as tropas de Changarnier etc. etc. Parte da Montagne fugiu para o exterior, outra parte foi enviada à Alta Corte de Bourges, e um regulamento parlamentar submeteu o restante à vigilância pedante do presidente da Assembleia Nacional. Paris foi novamente colocada em estado de sítio, e a parte democrática de sua Guarda Nacional foi dissolvida. Assim se romperam a influência da Montagne no Parlamento e o poder dos pequeno-burgueses em Paris.

Lyon, que em 13 de junho dera sinal para uma sangrenta insurreição operária, também foi declarada em estado de sítio com os cinco departamentos circunvizinhos, um estado que perdura até o presente.

Grande parte da Montagne abandonara sua vanguarda, recusando-se a assinar sua proclamação. A imprensa desertara, uma vez que apenas dois jornais ousaram publicar o pronunciamento. Os pequeno-burgueses traíram seus representantes, pois as guardas nacionais se ausentaram ou, onde apareceram, impediram a construção de barricadas. Os representantes tinham enganado os pequeno-burgueses, pois não foi possível avistar em parte alguma os supostos afiliados do Exército. Por fim, em vez de ganhar uma força suplementar do proletariado, o partido democrata o infectara com suas próprias fraquezas, e, como costuma ocorrer nos grandes feitos democráticos, os líderes tiveram a satisfação de poder acusar seu "povo" de deserção, e o povo a de poder acusar seus líderes de logro.

Raras vezes uma ação foi anunciada com rumor maior do que a iminente campanha da Montagne; raras vezes um acontecimento foi

40

alardeado com mais segurança e tanta antecipação como a inevitável vitória da democracia. Com toda a certeza, os democratas acreditam nas trombetas, cujos toques fizeram desabar as muralhas de Jericó.[65] E, sempre que se veem diante dos bastiões do despotismo, tentam imitar o milagre. Se a Montagne queria vencer no Parlamento, não deveria ter conclamado às armas. Se conclamou às armas no Parlamento, não deveria ter-se comportado nas ruas de modo parlamentar. Se tinha em mente uma manifestação pacífica, foi tolice não prever que seria recebida de maneira belicosa. Se previa uma verdadeira batalha, foi estranho depor as armas com as quais essa batalha teria de ser conduzida. Mas as ameaças revolucionárias dos pequeno-burgueses e de seus representantes democráticos são meras tentativas de intimidar o adversário. E, se deram em um beco sem saída, se se comprometeram o suficiente para ser obrigados a pôr em prática suas ameaças, isso ocorreu de modo ambíguo, que evitou apenas os meios para o objetivo e buscou avidamente pretextos para sucumbir. A abertura estrepitosa que anunciava a luta perde-se em um murmúrio tímido assim que a batalha começa; os atores cessam de se levar *au sérieux* [a sério], e a ação desaba com tudo, tal como um balão cheio de ar, perfurado com um alfinete.

Nenhum partido exagera mais seus meios do que o democrata, nenhum se ilude de maneira mais despreocupada com a situação. Se parte do Exército lhe dera seus votos, a Montagne também estava convencida de que ele se insurgiria em seu favor. E em qual ocasião? Naquela em que, do ponto de vista das tropas, não teria outro sentido a não ser o de que os revolucionários tomavam o partido dos soldados romanos contra os franceses. Por outro lado, as recordações de junho de 1848 ainda estavam muito frescas para que não existissem uma profunda aversão do proletariado contra a Guarda Nacional e uma completa desconfiança dos chefes das sociedades secretas em relação aos chefes democráticos. Para compensar essas diferenças, era necessário haver em jogo grandes interesses comuns. A violação de um parágrafo abstrato da Constituição não podia oferecer esse interesse. A Constituição já não tinha sido violada reiteradas vezes, segundo asseguravam os próprios democratas? Os jornais mais populares não a tinham estigmatizado como uma

---

65. Referência à passagem bíblica segundo a qual os hebreus conseguiram derrubar as muralhas de Jericó com seu grito. Habitada pelos inimigos cananeus, Jericó foi a primeira cidade à qual chegaram os hebreus após a travessia do rio Jordão. Liderados por Josué, que teria recebido instruções divinas, os hebreus deveriam cercar a cidade por seis dias e, no sétimo, dar sete voltas ao redor dela, precedidos pelos sacerdotes, que tocariam trombetas. Ao ouvi-las, os hebreus deveriam lançar um forte brado, que faria a muralha desabar (Js 6, 1-20). (N.T.)

obra contrarrevolucionária malfeita? Mas o democrata, por representar a pequena burguesia, portanto, uma *classe de transição*, na qual os interesses de duas classes se neutralizam ao mesmo tempo, imagina--se superior ao antagonismo de classes de modo geral. Os democratas admitem ter diante de si uma classe privilegiada, mas eles, com todo o restante da nação que os circunda, formam o *povo*. O que representam é o *direito do povo*; o que lhes interessa é o *interesse do povo*. Por isso, diante de uma luta iminente, não precisam avaliar os interesses e as posições das diferentes classes. Não precisam se preocupar muito em sopesar os próprios meios. Só têm de dar o sinal para que o *povo*, com todos os seus recursos inesgotáveis, se lance sobre os *opressores*. Porém, se na prática seus interesses se revelam desinteressantes e seu poder se mostra como impotência, isso se deve ou aos perniciosos sofistas, que dividem o *povo indivisível* em diferentes campos inimigos; ou ao Exército, muito embrutecido e cego para compreender os puros objetivos da democracia como a melhor coisa para ele; ou a um detalhe da execução, que fez tudo fracassar; ou ainda a um acaso imprevisto que, desta vez, fez tudo malograr. Seja como for, o democrata sempre sai tão imaculado da mais ultrajante derrota quanto era inocente quando nela entrou, com a convicção recém-adquirida de que tem de vencer, e não de que ele e seu partido têm de desistir de seu antigo ponto de vista, mas, ao contrário, de que as circunstâncias têm de amadurecer para alcançá-lo.

Por essa razão, não se deve imaginar que a *Montagne*, dizimada, despedaçada e humilhada pelo novo regulamento parlamentar, fosse muito infeliz. Se por um lado o dia 13 de junho afastara seus chefes, por outro abriu espaço para homens de capacidade inferior, lisonjeados por essa nova posição. Se sua impotência no Parlamento já não podia ser questionada, também estavam autorizados a limitar sua atividade a rompantes de indignação moral e declamações rumorosas. Se o partido da ordem fingia ver incorporados neles, como os últimos representantes oficiais da revolução, todos os horrores da anarquia, na realidade podiam ser tanto mais banais e modestos. Quanto ao 13 de junho, porém, consolaram-se com estas profundas palavras: "Que não ousem pôr as mãos no sufrágio universal! Senão, mostraremos quem somos! *Nous verrons* [Veremos]".

No que se refere aos Montagnards que fugiram para o exterior, basta aqui observar que Ledru-Rollin, por ter conseguido arruinar irremediavelmente, em menos de duas semanas, o poderoso partido que liderava, viu-se designado a formar um governo francês *in partibus*; que sua figura, a distância, removida do terreno de ação, parecia crescer à medida que o nível da revolução caía e as notoriedades oficiais da França

oficial tornavam-se cada vez mais minúsculas; que ele podia apresentar-
-se como pretendente republicano para 1852; que expediu circulares
periódicas aos valáquios e a outros povos, ameaçando déspotas do continente com os seus próprios atos e os de seus aliados. Estaria Proudhon
totalmente errado ao gritar para esses senhores "*Vous n'êtes que des bla-
gueurs*" [Vocês não passam de fanfarrões]?

Em 13 de junho, o partido da ordem não apenas derrubara a Montagne, mas também impusera a submissão da constituição às decisões da
maioria da Assembleia Nacional. E compreendia a república da seguinte
forma: a burguesia governa aqui nas formas parlamentares, sem encontrar uma barreira, como na monarquia, ao veto do Poder Executivo ou à
possibilidade de dissolver o Parlamento. Essa foi a *república parlamentar*,
tal como era chamada por Thiers. Porém, se em 13 de junho a burguesia assegurou sua onipotência no edifício parlamentar, não afetou esse
mesmo Parlamento com uma fraqueza incurável, perante o Poder Executivo e o povo, ao expulsar dele a parte mais popular? Ao abandonar
inúmeros deputados, sem mais cerimônias, à requisição dos tribunais,
aboliu sua própria imunidade parlamentar. O regulamento humilhante
ao qual submetia a Montagne elevou o presidente da República na mesma medida em que rebaixava cada representante do povo. Ao estigmatizar a insurreição, destinada a proteger a Carta Constitucional, como
ato anárquico que visava à subversão da sociedade, proibiu a si mesma
o apelo à insurreição, caso o Poder Executivo violasse a Constituição
em relação a ela. E quer a ironia da história que, em 2 de dezembro de
1851, *Oudinot* – general que bombardeara Roma por ordem de Bonaparte, dando ensejo imediato à revolta constitucional de 13 de junho –
seja apresentado ao povo pelo partido da ordem, de maneira suplicante
e em vão, como o general da Constituição contra Bonaparte. *Vieyra*,[66]
outro herói de 13 de junho – que da tribuna da Assembleia Nacional
granjeara elogios pelas brutalidades que cometera nas sedes dos jornais
democráticos, liderando um bando de guardas nacionais pertencentes à
alta finança, esse mesmo Vieyra fora iniciado na conspiração de Bonaparte e contribuiu significativamente para privar a Assembleia Nacional,
na hora de sua morte, de toda proteção por parte da Guarda Nacional.

---

66. Joseph-Henri Vieyra-Molina (1804-1889): coronel e chefe de Estado-Maior das guardas
nacionais, fiel a Luís Napoleão Bonaparte. Em 13 de junho de 1849, quando era chefe de
batalhão da Guarda Nacional, foi encarregado de destruir as tipografias que divulgavam
jornais contrários a Bonaparte. Contribuiu com o golpe de Estado de 2 de dezembro de 1851,
impedindo que as guardas nacionais portassem armas nesse dia e resistissem ao golpe. (N.T.)

O dia 13 de junho ainda teve outro significado. A Montagne quis forçar o indiciamento de Bonaparte. Portanto, sua derrota foi uma vitória direta de Bonaparte, seu triunfo pessoal sobre seus inimigos democráticos. O partido da ordem lutou pela vitória, Bonaparte tinha apenas de embolsá-la. E foi o que fez. Em 14 de junho, lia-se nos muros de Paris uma proclamação em que o presidente, relutante, como se não quisesse colaborar e fosse obrigado pela simples força dos acontecimentos, saía de seu isolamento monástico, queixava-se das calúnias de seus opositores, como se tivesse uma virtude incompreendida, e, enquanto parecia identificar sua pessoa com a causa da ordem, identificava, antes, a causa da ordem com sua pessoa. Além disso, embora a Assembleia Nacional tivesse aprovado posteriormente a expedição contra Roma, fora Bonaparte quem tomara a iniciativa. Depois de ter reintroduzido o sumo sacerdote Samuel no Vaticano, podia esperar, como rei Davi, ocupar as Tulherias.[67] Tinha conquistado os padres.

Como vimos, a revolta de 13 de junho limitou-se a uma pacífica procissão pelas ruas. Portanto, não havia louros de guerra a ser conquistados contra ela. Não obstante, nesse período pobre de heróis e acontecimentos, o partido da ordem transformou essa batalha sem derramamento de sangue em uma segunda Austerlitz.[68] A tribuna e a imprensa enalteceram o Exército como o poder da ordem, em oposição às massas populares, que representavam a impotência da anarquia, e exaltaram Changarnier como o "baluarte da sociedade". Mitificação na qual ele próprio acabou por acreditar. Porém, sub-repticiamente, os corpos do Exército que pareciam suspeitos foram afastados de Paris; os regimentos nos quais as eleições deram os resultados mais democráticos foram deportados da França para Argel; as mentes inquietas em meio às tropas foram enviadas aos batalhões disciplinares; por fim, cortou-se de maneira sistemática o acesso da imprensa à caserna e da caserna à sociedade burguesa.

Chegamos a um momento decisivo de transição na história da Guarda Nacional francesa. Em 1830, ela decidira a queda da Restauração. Sob Luís Filipe, toda revolta em que a Guarda Nacional se colocava ao lado das tropas fracassava. Nas Jornadas de Fevereiro de 1848, quando

---

67. Graças à expedição contra Roma e por ter ajudado Pio IX a restaurar seu poder, Napoleão esperava receber seu apoio para recuperar sua política imperial. Segundo a Bíblia (1 Samuel 16:13), o profeta Samuel ungiu Davi no lugar de Saul. (N.T.)
68. Em 1805, Napoleão derrotou, em Austerlitz (Morávia), o Exército austro-russo, liderado pelo czar Alexandre I e pelo imperador Francisco II. (N.T.)

44

demonstrou passividade em relação à insurreição e um comportamento dúbio em relação a Luís Filipe, este se deu por perdido, e de fato estava. Desse modo, enraizou-se a convicção de que a revolução não poderia vencer *sem* a Guarda Nacional e de que o Exército não poderia vencer *contra* ela. Essa era a crença supersticiosa do Exército na onipotência burguesa. As Jornadas de Junho de 1848, em que toda a Guarda Nacional, junto com as tropas de linha, reprimira a insurreição, reforçaram essa superstição. Depois que Bonaparte assumiu o governo, a posição da Guarda Nacional diminuiu, de certo modo, em razão da união inconstitucional de seu comando ao da primeira divisão militar, na pessoa de Changarnier. Como o comando da Guarda Nacional surgia aqui como um atributo do comandante militar supremo, a própria Guarda Nacional aparecia apenas como apêndice das tropas de linha. Em 13 de junho, finalmente foi derrubada, não apenas devido à sua dissolução parcial, que, a partir desse momento, repetiu-se periodicamente em todos os pontos da França, deixando apenas escombros. A demonstração de 13 de junho foi, sobretudo, uma demonstração das guardas nacionais democráticas. É bem verdade que ao Exército não opuseram suas armas, e sim seus uniformes, mas justamente neles residia o talismã. O Exército se convenceu de que esse uniforme era um pedaço de lã como outro qualquer. O encanto estava perdido. Nas Jornadas de Junho de 1848, a burguesia e a pequena burguesia, como Guarda Nacional, uniram-se ao Exército contra o proletariado. Em 13 de junho de 1849, a burguesia fez o Exército dispersar a Guarda Nacional pequeno-burguesa. Em 2 de dezembro de 1851, a Guarda Nacional da própria burguesia tinha desaparecido, e Bonaparte só constatou esse fato mais tarde, quando assinou o decreto de sua dissolução. Desse modo, a própria burguesia destruiu sua última arma contra o Exército, mas teve de fazê-lo a partir do momento em que a pequena burguesia já não estava atrás dela, como vassala, e sim à sua frente, como rebelde. De maneira geral, também teve de destruir com as próprias mãos todos os seus recursos de defesa contra o absolutismo, tão logo ela própria se tornou absolutista.

Nesse ínterim, o partido da ordem celebrou a reconquista de um poder que parecia ter perdido em 1848 apenas para reencontrá-lo em 1849 liberado de suas barreiras, e o celebrou com invectivas contra a República e a Constituição, amaldiçoando todas as revoluções futuras, presentes e passadas, incluída aquela conduzida por seus próprios líderes, e com leis que amordaçavam a imprensa, aniquilavam a associação e regulavam o estado de sítio como instituição orgânica. A Assembleia

Nacional foi então prorrogada de meados de agosto até meados de outubro, depois de nomear uma comissão permanente para o período de sua ausência. Durante esse recesso, os legitimistas tramaram intrigas com Ems, e os orleanistas, com Claremont; Bonaparte fez viagens principescas, e os conselhos departamentais discutiram a revisão da Constituição – episódios que se reproduzem regularmente nos recessos periódicos da Assembleia Nacional e dos quais só me ocuparei quando se tornarem acontecimentos. Por enquanto, vale notar apenas que a Assembleia Nacional agiu de modo apolítico quando desapareceu de cena por intervalos maiores, deixando na liderança da República *uma única* figura, ainda que lamentável, a de Luís Bonaparte, enquanto o partido da ordem, para escândalo do público, dividia-se em seus componentes monarquistas e entregava-se a seus desejos conflitantes de restauração. Durante esse recesso, sempre que o rumor confuso do *Parlamento* silenciava e seu corpo se dissolvia na nação, ficava evidente que faltava *uma única* coisa para completar a verdadeira imagem dessa República: tornar *seu* recesso permanente e substituir *sua* inscrição *liberté, égalité, fraternité* pelas seguintes palavras inequívocas: infantaria, cavalaria, artilharia!

IV

Em meados de outubro de 1849, a Assembleia Nacional tornou a se reunir. Em 1º de novembro, Bonaparte a surpreendeu com uma mensagem, com a qual anunciava a destituição do ministério Barrot-Falloux e a formação de um novo ministério. Nunca se tinha usado de tão pouca cerimônia para pôr lacaios na rua como Bonaparte fez com seus ministros. Os chutes destinados à Assembleia Nacional foram provisoriamente recebidos por Barrot e companhia.

Como vimos, o ministério de Barrot era composto de legitimistas e orleanistas, um ministério do partido da ordem. Bonaparte precisara dele para dissolver a Constituinte republicana, realizar a expedição contra Roma e acabar com o partido democrata. Aparentemente, ele se havia eclipsado atrás desse ministério, confiado o poder governamental ao partido da ordem e colocado a máscara da modéstia, que o editor responsável pela imprensa usava sob Luís Filipe, a máscara do *homme de paille* [testa de ferro]. Nesse momento, ele se liberava de um disfarce que já não era o leve véu atrás do qual podia esconder sua fisionomia, e sim a máscara de ferro que o impedia de mostrar uma fisionomia própria. Tinha instaurado o ministério de Barrot a fim de dissolver a Assembleia Nacional republicana em nome do partido da ordem; destituiu-o a fim de declarar seu próprio nome independente da Assembleia Nacional do partido da ordem.

Não faltavam pretextos plausíveis para essa destituição. O ministério Barrot negligenciava até mesmo as formas de decoro, que teriam feito o presidente da República aparecer como um poder paralelo à Assembleia Nacional. Durante o recesso da Assembleia Nacional, Napoleão publicou uma carta endereçada a Edgar Ney,[69] na qual parecia desaprovar o comportamento iliberal do papa, do mesmo modo que, em oposição à Constituinte, publicara uma carta em que elogiava Oudinot pelo ataque

---

69. Edgar Ney (1812-1882): ajudante de campo de Luís Bonaparte e, posteriormente, nomeado marechal da França. Participou da expedição contra a República Romana e de uma missão junto ao governo papal. (N.T.)

à República Romana. Quando a Assembleia Nacional votou o orçamento para a expedição romana, Victor Hugo, por suposto liberalismo, trouxe essa carta à discussão. Sob clamores desdenhosamente incrédulos, o partido da ordem sufocou a ideia, como se as ideias de Bonaparte pudessem ter algum peso político. Nenhum dos ministros levantou a luva[70] por ele. Em outra ocasião, Barrot, com seu conhecido emocionalismo grandiloquente, deixou cair da tribuna palavras de indignação sobre as "abomináveis intrigas", que, segundo sua declaração, ocorriam no ambiente mais próximo do presidente. Por fim, enquanto conseguia da Assembleia Nacional uma pensão de viúva para a duquesa de Orleans, o ministério recusava toda proposta de aumento da lista civil do presidente. E, em Bonaparte, o pretendente imperial se fundia de maneira tão indissolúvel ao aventureiro decadente que a única grande ideia de que ele estaria destinado a restaurar o Império era sempre completada por outra, a de que o povo francês estaria destinado a pagar suas dívidas.

O ministério Barrot-Falloux foi o primeiro e o último *ministério parlamentar* criado por Bonaparte. Por isso, sua destituição formou um ponto de virada decisivo. Com ele, o partido da ordem perdeu, para nunca mais reconquistá-lo, um posto indispensável para a defesa do regime parlamentar, o domínio do Poder Executivo. Logo se compreende que, em um país como a França, onde o Poder Executivo dispõe de um exército de funcionários com mais de meio milhão de indivíduos, portanto, mantém constantemente na mais absoluta dependência uma massa gigantesca de interesses e existências; onde o Estado envolve, controla, repreende, vigia e tutela a sociedade civil desde suas manifestações de vida mais abrangentes até seus movimentos mais insignificantes, desde seus modos de existência mais genéricos até a vida privada dos indivíduos; onde, graças à centralização mais extraordinária, esse corpo parasita ganha uma onipresença, uma onisciência, uma capacidade acelerada de movimento e uma elasticidade que só encontram um correspondente análogo na dependência desamparada, na informidade incoerente do verdadeiro corpo social; compreende-se que, em tal país, junto com a possibilidade de dispor dos postos ministeriais, a Assembleia Nacional também perderia toda a influência real se ao mesmo tempo não simplificasse a administração estatal, não reduzisse ao máximo o exército de funcionários e, por fim, não fizesse com que a sociedade civil e a opinião pública criassem seus próprios órgãos, independentes do

---

70. Aceitou o desafio. (N.T.)

48

poder governamental. Contudo, o *interesse material* da burguesia francesa está entrelaçado da maneira mais estreita justamente com a manutenção dessa ampla e ramificada máquina do Estado. Nela, a burguesia acomoda sua população excedente e completa, na forma de salários estatais, o que não consegue embolsar na forma de lucros, juros, rendas e honorários. Por outro lado, seu *interesse político* a obrigava a aumentar diariamente a repressão, ou seja, os recursos e a equipe do poder estatal, enquanto tinha de conduzir uma guerra ininterrupta contra a opinião pública, mutilar e paralisar por desconfiança os órgãos autônomos do movimento social e, quando não o conseguia, amputá-los por completo. Desse modo, em razão de sua posição de classe, a burguesia francesa foi forçada, por um lado, a aniquilar as condições de vida de todo o poder parlamentar e, por conseguinte, de seu próprio; e, por outro, a tornar irresistível o Poder Executivo, que lhe era hostil.

O novo ministério chamava-se ministério d'Hautpoul.[71] Não que o general d'Hautpoul tivesse recebido o posto de primeiro-ministro. Com a demissão de Barrot, Bonaparte também aboliu essa dignidade, que, por certo, condenava o presidente da República à nulidade legal de um rei constitucional, mas de um rei constitucional sem trono nem coroa, sem cetro nem espada, sem irresponsabilidade, sem a posse imprescritível da mais alta dignidade do Estado e, o que era mais fatal, sem lista civil. O ministério d'Hautpoul tinha apenas um homem de renome parlamentar, o judeu *Fould*,[72] um dos mais célebres membros da alta finança. Coube-lhe o ministério das Finanças. Basta consultar as anotações da Bolsa de Paris para descobrir que, a partir de 1º de novembro de 1849, os fundos franceses sobem e descem com os altos e baixos das ações bonapartistas. Se por um lado Bonaparte encontrava seu afiliado na Bolsa, por outro apoderava-se da polícia, nomeando Carlier[73] chefe da polícia de Paris.

Entretanto, as consequências da troca de ministros só puderam se manifestar no curso dos acontecimentos. A princípio, Bonaparte dera um passo para a frente apenas para ser empurrado para trás de maneira mais evidente. Sua mensagem brusca foi seguida pela mais servil decla-

---

71. Alphonse Henri d'Hautpoul (1789-1865): general e político francês. Foi ministro da Guerra e chefe *de facto* do governo da França de outubro de 1849 a outubro de 1850. (N.T.)
72. Achille Fould (1800-1867): banqueiro e político francês. Foi ministro das Finanças durante a Segunda República e ministro de Estado durante o Segundo Império. (N.T.)
73. Pierre-Charles-Joseph Carlier (1799-1858): político e chefe da polícia de Paris nas revoluções de 1830 e 1849. (N.T.)

ração de submissão à Assembleia Nacional. Sempre que os ministros ousavam fazer a tímida tentativa de apresentar seus caprichos pessoais como projetos de lei, eles próprios pareciam estar apenas cumprindo – a contragosto e forçados por sua posição – ordens esdrúxulas, de cujo insucesso já estavam antecipadamente convencidos. Sempre que Bonaparte divulgava suas intenções pelas costas dos ministros e brincava com suas "idées napoléoniennes"[74] [ideias napoleônicas], seus próprios ministros o desautorizavam da tribuna da Assembleia Nacional. Seus desejos de usurpação pareciam fazer-se ouvir apenas para que a risada maliciosa de seus opositores não se calasse. Ele se comportava como um gênio incompreendido, que o mundo inteiro considerava um simplório. Nunca gozou do completo desprezo de todas as classes como durante esse período. Nunca a burguesia imperou de maneira mais absoluta, nunca demonstrou de maneira mais ostensiva as insígnias da dominação.

Não cabe a mim escrever aqui a história de sua atividade legislativa, que nesse período se resume a duas leis: a que restabeleceu o *imposto sobre o vinho* e a *lei sobre o ensino*,[75] que abole a descrença. Se para os franceses tornou-se mais difícil beber vinho, com maior abundância receberam a água da verdadeira vida. Se com a lei que restabelecia o imposto sobre o vinho a burguesia declarava inviolável o antigo e odioso sistema tributário francês, com a lei do ensino tentava assegurar o antigo estado de espírito das massas, que o tornava suportável. Causou surpresa ver os orleanistas, a burguesia liberal, esses antigos apóstolos do voltairianismo e da filosofia eclética, confiarem a administração do espírito francês aos jesuítas, seus arqui-inimigos. Porém, orleanistas e legitimistas puderam divergir no que se refere ao pretendente à Coroa; compreenderam que seu domínio unificado exigia a unificação dos meios de opressão de duas épocas, que os meios de subjugação da Monarquia de Julho tinham de ser completados e reforçados com os da Restauração.

Os camponeses, desiludidos em todas as suas esperanças, mais do que nunca esmagados pelo baixo preço dos cereais, de um lado, e pelo peso crescente dos impostos e da dívida hipotecária, de outro, começaram a se agitar nos departamentos. Respondeu-se a eles com uma caçada aos mestres escolares, que foram submetidos ao clero, com uma caçada aos *maires* [prefeitos], submetidos aos governadores dos departamentos, e com um

---

74. Referência ao livro *Des idées napoléoniennes*, escrito por Luís Bonaparte na Inglaterra e publicado em Paris e Bruxelas, em 1839. (N.T.)

75. A lei sobre o ensino, aprovada pela Assembleia Legislativa em 15 de março de 1850, outorgava à Igreja francesa o controle das escolas. (N.T.)

sistema de espionagem, ao qual todos foram submetidos. Em Paris e nas grandes cidades, a própria reação traz a fisionomia de sua época e desafia mais do que derruba. No campo, torna-se banal, vulgar, mesquinha, cansativa, penosa – em uma palavra, torna-se gendarme. Compreende-se como três anos de regime do gendarme, abençoado pelo regime do sacerdote, só podiam desmoralizar as massas imaturas.

Qualquer que fosse a quantidade de paixão e declamação que o partido da ordem dispensasse do alto da tribuna da Assembleia Nacional contra a minoria, seu discurso permaneceria monossilábico como o do cristão, cujas palavras seriam: "Sim, sim, não, não!". Monossilábico do alto da tribuna como na imprensa. Insípido como um enigma, cuja solução já se conhece de antemão. Quer se tratasse do direito de petição, quer do imposto sobre o vinho, da liberdade de imprensa ou do livre comércio, dos clubes ou da Constituição municipal, da proteção da liberdade pessoal ou da regulamentação do orçamento estatal, a palavra de ordem sempre retorna, o tema permanece sempre o mesmo, a sentença está sempre pronta e invariavelmente diz: "Socialismo!". Até mesmo o liberalismo burguês é declarado *socialista*; socialista o esclarecimento burguês; socialista a reforma financeira burguesa. Era socialista construir uma ferrovia onde já havia um canal, e era socialista defender-se com um bastão quando se era atacado com uma espada.

Esse não era simplesmente um modo de falar, uma moda nem uma tática de partido. A burguesia teve a correta percepção de que todas as armas que havia forjado contra o feudalismo voltavam sua ponta contra ela; de que todos os meios de instrução que havia produzido se rebelavam contra sua própria civilização; de que todos os deuses que havia criado a abandonavam. Entendeu que todas as chamadas liberdades burguesas e os órgãos de progresso atacavam e ameaçavam seu *domínio de classe* tanto em sua base social como em seu ápice político; portanto, tinham se tornado "socialistas". Nessa ameaça e nesse ataque ela viu, com razão, o segredo do socialismo, cujo sentido e cuja tendência julgou mais corretamente do que o chamado socialismo sabe julgar a si mesmo. Por conseguinte, o socialismo não é capaz de entender como a burguesia obstina-se em manter-se inacessível a ele, quer ele choramingue como sentimental pelos sofrimentos da humanidade, quer anuncie como cristão o reino milenar e o amor fraterno universal, quer delire como humanista sobre o intelecto, a educação e a liberdade ou invente como doutrinário um sistema de conciliação e bem-estar de todas as classes. Porém, o que a burguesia não compreendeu foi a consequência de que seu *próprio regime parlamentar*, seu *domínio político* de maneira geral, também estava fadado a ser genericamente condenado como socialista. Enquanto o domínio da classe burguesa não se organizasse por completo nem adquirisse sua expressão política pura, o antagonismo das outras classes tampouco poderia aparecer de modo puro e, onde aparecesse, não poderia assumir a expressão perigosa que transforma toda luta contra o poder estatal em uma luta contra o capital. Se em qualquer sinal de vida da sociedade a burguesia via a "tranquilidade" ameaçada, como poderia querer manter na liderança da sociedade o *regime da inquietação*, seu próprio regime, o regime parlamentar, esse regime que, segundo a expressão de um de seus oradores, vive na luta e pela luta? O regime parlamentar vive da discussão. Como pode proibi-la? Nele, todo interesse e toda instituição social são transformados em ideia geral e tratados como tal. Como pode um interesse ou uma instituição afirmar-se acima do pensamento e impor-se como artigo de fé? A luta dos oradores na tribuna provoca a luta da imprensa; o clube de discussão no Parlamento encontra seu necessário complemento nos clubes de discussão nos salões e bares; os representantes, que constantemente apelam para a opinião pública, autorizam-na a dizer sua verdadeira opinião em petições. O regime parlamentar confia tudo à decisão das maiorias. Como poderiam as grandes maiorias fora do Parlamento não querer decidir? Se no topo do Estado se toca violino, como não esperar que dancem abaixo dele?

Portanto, ao tachar de "socialista" o que antes celebrou como "liberal", a burguesia confessa que seu próprio interesse lhe ordena subtrair-se ao perigo do autogoverno; que, para restaurar a tranquilidade no país, deve-se sobretudo tranquilizar seu parlamento burguês; para manter intacto seu poder social, deve-se romper seu poder político; que os burgueses privados só podem continuar a explorar as outras classes e desfrutar da propriedade, da família, da religião e da ordem sem ser perturbados com a condição de que sua classe seja condenada, ao lado das outras, à mesma nulidade política; que, para salvar sua carteira, lhe seja tirada a coroa, e a espada, que deveria protegê-la, penda ao mesmo tempo sobre sua cabeça como a espada de Dâmocles.

No campo dos interesses gerais da burguesia, a Assembleia Nacional mostrou-se tão improdutiva que, por exemplo, as discussões sobre a ferrovia Paris-Avignon, iniciadas no inverno de 1850, ainda não estavam maduras para ser concluídas em 2 de dezembro de 1851. Quando não reprimia nem reagia, era atingida por incurável infertilidade.

Enquanto o ministério de Bonaparte por um lado tomava a iniciativa de leis no espírito do partido da ordem e, por outro, ainda exagerava sua severidade ao aplicá-las e utilizá-las, o presidente buscava conquistar alguma popularidade com propostas de uma tolice infantil, constatar sua oposição à Assembleia Nacional e apontar para uma reserva secreta que somente as circunstâncias impediriam, momentaneamente, de abrir ao povo francês seus tesouros escondidos. Por isso a proposta de decretar aos suboficiais um suplemento diário de quatro soldos. Por isso a proposta de criar para os operários um banco de empréstimo com base na honra.[76] Receber dinheiro como presente ou empréstimo, essa era a perspectiva com a qual ele esperava fisgar as massas. Dar de presente e emprestar, a isso se limita a ciência financeira do lumpemproletariado, seja ele de condição nobre ou ordinária. A isso se limitavam as molas que Bonaparte sabia colocar em movimento. Nunca um pretendente especulou de maneira tão banal sobre a banalidade das massas.

A Assembleia Nacional indignou-se repetidas vezes com essas tentativas inequívocas de ganhar popularidade à sua custa, com o perigo crescente de que esse aventureiro, esporeado pelas dívidas e não refreado por nenhuma reputação adquirida, ousasse um golpe desesperado. A divergência entre o partido da ordem e o presidente assumira um caráter ameaçador quando um acontecimento inesperado jogou o segundo, arrependido, de volta aos braços do primeiro. Estamos nos referindo às *eleições suplementares de 10 de março de 1850*. Essas eleições ocorreram com o objetivo de ocupar os postos vagos dos representantes que, após 13 de junho, foram presos ou exilados. Paris elegeu apenas candidatos social-democratas. Chegou a reunir a maioria dos votos em um insurgente de junho de 1848, de Flotte.[77] Desse modo, a pequena burguesia parisiense, aliada ao proletariado, vingava-se de sua derrota em 13 de junho de 1849. No momento do perigo, ela parecia ter desaparecido do campo de batalha apenas para reaparecer em uma ocasião mais favorável, com tropas mais numerosas e uma palavra de ordem mais audaz. Uma circunstância pareceu aumentar o perigo dessa vitória eleitoral. Em Paris, o Exército votou pelos insurgentes de junho contra La Hitte,[78]

---

76. A fim de ganhar popularidade entre os operários, foi proposta a criação de um banco que lhes concederia pequenos empréstimos em troca da palavra de honra, tal como descrito na obra *Os mistérios de Paris*, de Eugène Sue. (N.T.)

77. Paul Louis François René de Flotte (1817-1860): oficial da Marinha, participou da Insurreição de Junho de 1848 e foi deputado na Assembleia Legislativa de 1850 a 1851. Após o golpe de Estado, foi exilado. Em 1860, uniu-se a Garibaldi para lutar pela libertação italiana e morreu em combate em Solano, na Calábria. (N.T.)

78. Jean-Ernest Ducos de La Hitte (1789-1878): general francês, foi ministro das Relações Exteriores de 1849 a 1851, durante o governo de d'Hautpoul, e senador no Segundo Império. (N.T.)

ministro de Bonaparte, e, nos departamentos, em grande parte em favor dos Montagnards, que também ali, embora de maneira não tão decisiva como em Paris, afirmaram sua preponderância sobre seus adversários. De repente, Bonaparte viu-se mais uma vez confrontado com a revolução. Tal como em 29 de janeiro de 1849 e em 13 de junho de 1849, em 10 de março de 1850 ele desapareceu atrás do partido da ordem. Curvou-se, desculpou-se de maneira pusilânime, dispôs-se a nomear qualquer ministério por ordem da maioria parlamentar, chegou a implorar aos líderes orleanistas e legitimistas do partido, os Thiers, os Berryer, os Broglie,[79] os Molé,[80] em suma, os chamados burgraves,[81] para que assumissem pessoalmente o leme do Estado. O partido da ordem não soube utilizar esse momento, que não voltaria a acontecer. Em vez de se apoderar com audácia do poder oferecido, ele nem sequer obrigou Bonaparte a reinstaurar o ministério deposto em 1º de novembro; contentou-se em humilhá-lo com o perdão e em incorporar ao ministério d'Hautpoul o senhor *Baroche*.[82] Como procurador-geral, esse Baroche esbravejara diante da Alta Corte de Bourges, uma vez contra os revolucionários de 15 de maio, a outra contra os democratas de 13 de junho, ambas as vezes devido ao atentado à Assembleia Nacional. Posteriormente, dos ministros de Bonaparte, nenhum contribuiu mais do que ele para rebaixar a Assembleia Nacional e, após 2 de dezembro de 1851, tornamos a encontrá-lo, bem instalado e muito bem pago, como vice-presidente do Senado. Cuspira na sopa dos revolucionários para que Bonaparte a tomasse.

De sua parte, o partido social-democrata parecia apenas buscar pretextos para questionar sua própria vitória e reduzir seu efeito. Vidal,[83]

---

79. Achille Charles Léonce Victor, duque de Broglie (1785-1870): diplomata, foi duas vezes primeiro-ministro da França (1830; 1835-1836) e deputado orleanista na Assembleia Legislativa. (N.T.)

80. Louis Matthieu, conde de Molé (1781-1855): ministro da Justiça sob o Primeiro Império, da Marinha e das Colônias sob a Restauração, do Exterior e primeiro-ministro (1836-1839) sob a Monarquia de Julho. (N.T.)

81. Eram chamados de burgraves os dezessete membros da comissão parlamentar encarregada de elaborar uma nova lei eleitoral que suprimia o sufrágio universal. O nome era emprestado do título de uma obra de Victor Hugo, *Os burgraves*, e aludia aos orleanistas e legitimistas, em razão de suas aspirações desmedidas. (N.T.)

82. Pierre Jules Baroche (1802-1870): advogado e político francês, fez parte da oposição dinástica durante a Monarquia de Julho e, posteriormente, tornou-se bonapartista. Foi ministro do interior sob d'Hautpoul. (N.T.)

83. François Vidal (1814-1872): jornalista, político e escritor francês. Defendia a intervenção do Estado nas relações entre trabalho e capital. Em 1848, foi secretário da Comissão de Luxemburgo e, em 1850-1851, deputado na Assembleia Legislativa. (N.T.)

um dos novos representantes eleitos em Paris, tinha sido eleito ao mesmo tempo em Estrasburgo. Induziram-no a declinar da eleição em Paris e a aceitar a de Estrasburgo. Portanto, em vez de dar um caráter definitivo à sua vitória no distrito eleitoral e, desse modo, obrigar o partido da ordem a disputá-la de imediato no Parlamento; portanto, em vez de levar o adversário à luta no momento em que o povo se mostrava entusiasmado e o ânimo do Exército era favorável, o partido democrata extenuou Paris durante os meses de março e abril com uma nova agitação eleitoral; deixou que as paixões excitadas do povo se consumissem nesse repetido jogo eleitoral provisório; também deixou que a energia revolucionária se saciasse com sucessos constitucionais, se dissipasse em pequenas intrigas, declamações vazias e movimentos aparentes, que a burguesia se reunisse e tomasse suas providências; por fim, deixou que a importância das eleições de março fosse enfraquecida por um comentário sentimental com a escolha de Eugène Sue[84] na eleição suplementar de abril. Em uma palavra, transformou o dia 10 de março em 1º de abril.

A maioria parlamentar percebeu a fraqueza de seu adversário. Seus dezessete burgraves – pois Bonaparte lhes havia deixado a direção e a responsabilidade do ataque – elaboraram uma nova lei eleitoral, cuja apresentação foi confiada ao senhor Faucher,[85] que solicitara essa honra. Em 8 de maio, ele apresentou a lei que abolia o sufrágio universal, impunha aos eleitores a obrigação de residir por três anos na localidade da eleição e, por fim, para os operários, fazia com que a comprovação desse domicílio dependesse do testemunho de seu empregador.

Do mesmo modo como, durante a luta eleitoral constitucional, os democratas agiram como revolucionários ao se exaltar e vociferar, no momento em que se tratava de demonstrar com armas em punho a seriedade daquelas vitórias eleitorais, agiram como constitucionais ao pregar a ordem, uma calma majestosa (*calme majestueux*), uma postura de acordo com a lei, ou seja, submissão cega ao desejo da contrarrevolução, que tomava espaço como lei. Durante o debate, a Montagne envergonhou o partido da ordem ao fazer valer contra a paixão revolucionária deste o comportamento desapaixonado do homem probo, que defende o fundamento da lei, e ao nocauteá-lo com a terrível crítica de que ele

---

84. Eugène Sue (1804-1847): escritor francês, autor de obras de cunho social, como *Os mistérios de Paris*, citada anteriormente, e *O judeu errante*. Em 1850, foi eleito deputado republicano da Assembleia Legislativa. Exilou-se após o golpe de Estado de 2 de dezembro. (N.T.)

85. Léon Faucher (1803-1854): jornalista, economista e político francês. Foi deputado da oposição sob Luís Filipe e fez parte do partido da ordem nas assembleias Constituinte e Legislativa. Foi ministro dos Trabalhos Públicos (1848) e do Interior (1848-1849). (N.T.)

estaria procedendo de modo revolucionário. Mesmo os deputados recém-eleitos esforçaram-se para demonstrar, com um comportamento correto e ponderado, que era um erro caluniá-los de anarquistas e interpretar sua eleição como uma vitória da revolução. Em 31 de maio foi aprovada a nova lei eleitoral. A Montagne contentou-se em introduzir furtivamente um protesto no bolso do presidente. À lei eleitoral seguiu-se uma nova lei de imprensa, que suprimia completamente os jornais revolucionários. Eles fizeram por merecer essa sorte. Após esse dilúvio, *Le National* e *La Presse*, dois jornais burgueses, permaneceram como os postos avançados mais extremos da revolução.

Vimos como, em março e abril, os líderes democráticos fizeram de tudo para envolver o povo de Paris em uma luta aparente e como, em 8 de maio, fizeram de tudo para mantê-lo afastado da luta real. Além disso, não podemos esquecer que o ano de 1850 foi um dos mais brilhantes no que se refere à prosperidade industrial e comercial; portanto, o proletariado parisiense estava totalmente ocupado. No entanto, a lei eleitoral de 31 de maio de 1850 o excluiu de toda participação no poder político. Cortou-o do próprio campo de batalha. Lançou os operários de volta à posição de párias, que haviam ocupado antes da Revolução de Fevereiro. Deixando-se dirigir pelos democratas, diante de um acontecimento como esse, e conseguindo esquecer o interesse revolucionário de sua classe por um bem-estar momentâneo, os operários renunciaram à honra de ser um poder conquistador. Submeteram-se ao seu destino e provaram que a derrota de junho de 1848 os tornou incapazes de lutar por anos, e que mais uma vez o processo histórico começaria passando *por cima* de suas cabeças. No que se refere à democracia pequeno-burguesa, que em 13 de junho gritou "Que não ousem pôr as mãos no sufrágio universal!", ela passou a se consolar acreditando que o golpe contrarrevolucionário que a atingira não era um golpe e que a lei de 31 de maio não era uma lei. No segundo [domingo do mês] de maio de 1852, todo francês iria às urnas com a cédula eleitoral em uma mão e a espada na outra. Contentava-se com essa profecia. Finalmente, o Exército foi punido por seus superiores em razão das eleições de março e abril de 1850, tal como o fora em razão das de 29 de maio de 1849. Agora, todavia, disse a si mesmo, decidido: "A revolução não nos enganará pela terceira vez".

A lei de 31 de maio de 1850 foi o *coup d'État* da burguesia. Todas as suas conquistas anteriores sobre a revolução tiveram apenas um caráter provisório. Elas foram questionadas assim que a atual Assembleia Nacional saiu de cena. Dependiam do acaso de uma nova eleição geral, e desde

1848 a história das eleições provava irrefutavelmente que a autoridade moral da burguesia sobre as massas populares se perdia na mesma proporção em que se desenvolvia seu domínio real. Em 10 de março, o sufrágio universal declarou-se diretamente contra o domínio da burguesia, e ela respondeu proscrevendo o sufrágio universal. Portanto, a lei de 31 de maio foi uma das necessidades da luta de classes. Por outro lado, para que a eleição do presidente da República fosse válida, a Constituição exigia um mínimo de dois milhões de votos. Se nenhum dos candidatos à presidência obtivesse esse mínimo, caberia à Assembleia Nacional escolher o presidente entre os três candidatos mais votados. Na época em que a Constituinte fez essa lei, havia dez milhões de eleitores inscritos nas listas de votação. Portanto, em sua concepção, bastaria um quinto dos eleitores para validar a eleição presidencial. A lei de 31 de maio suprimiu pelo menos três milhões de votos das listas eleitorais, reduzindo, assim, o número dos eleitores a sete milhões, não obstante mantendo o mínimo legal de dois milhões para a eleição presidencial. Por conseguinte, elevou o mínimo legal de um quinto para quase um terço dos votos válidos, ou seja, fez de tudo para contrabandear a eleição presidencial das mãos do povo para aquelas da Assembleia Nacional. Desse modo, com a lei eleitoral de 31 de maio, o partido da ordem parecia ter reforçado duplamente seu próprio domínio, uma vez que confiava a eleição da Assembleia Nacional e a do presidente da República à parte estacionária da sociedade.

V

Tão logo a crise foi superada e o sufrágio universal suprimido, a luta tornou a eclodir entre a Assembleia Nacional e Bonaparte. A Constituição havia estipulado o salário de Bonaparte em 600 mil francos. Pouco menos de meio ano após sua instalação, ele conseguiu duplicar essa soma. Com efeito, Odilon Barrot havia conseguido arrancar da Assembleia Nacional Constituinte um suplemento anual de 600 mil francos para as chamadas despesas de representação. Após o dia 13 de junho, Bonaparte divulgara solicitações do mesmo tipo, desta vez sem ser ouvido por Barrot. Após 31 de maio, aproveitou de imediato o momento favorável e fez com que seus ministros propusessem na Assembleia Nacional uma lista civil de três milhões. Uma longa e aventureira vida errante o dotara das antenas mais desenvolvidas para perceber os momentos de fraqueza em que poderia extorquir dinheiro de seus burgueses. Praticou uma verdadeira *chantage* [chantagem]. Com sua colaboração e sua cumplicidade, a Assembleia Nacional desonrara a soberania do povo. Ele ameaçava denunciar seu delito ao tribunal popular caso não abrisse a carteira e comprasse seu silêncio com três milhões anuais. Ela roubara o direito de voto de três milhões de franceses. Para cada francês posto fora de circulação, ele exigia um franco em circulação, exatamente três milhões de francos. Ele, o eleito por seis milhões, exigia indenização pelos votos que posteriormente lhe teriam roubado. A comissão da Assembleia Nacional rejeitou o impertinente. A imprensa bonapartista fez ameaças. Poderia a Assembleia Nacional romper com o presidente da República no momento em que tinha rompido, em princípio e definitivamente, com a massa da nação? Embora tenha rejeitado a lista civil anual, concedeu um suplemento único de 2.160.000 francos. Portanto, tornava-se culpada pela dupla fraqueza de ter concedido dinheiro e, ao mesmo tempo, demonstrado com sua irritação que só o concedera a contragosto. Posteriormente, veremos com que finalidade Bonaparte precisava desse dinheiro. Depois desse desagradável epílogo, ocorrido logo após a abolição do sufrágio universal e no qual Bonaparte trocou a postura humilde que demonstrara durante a crise de março e abril pela

58

desfaçatez desafiadora em relação ao Parlamento usurpador, a Assembleia Nacional prorrogou sua sessão em três meses, de 11 de agosto para 11 de novembro. Em seu lugar, deixou uma comissão permanente de 28 membros, sem nenhum bonapartista, mas com alguns republicanos moderados. A comissão permanente de 1849 contava apenas com homens da ordem e bonapartistas. Porém, naquela época, o partido da ordem declarara-se permanentemente contra a revolução. Dessa vez, a república parlamentar declarou-se permanentemente contra o presidente. Após a lei de 31 de maio, esse era o único rival que ainda se opunha ao partido da ordem.

Em novembro de 1850, quando a Assembleia Nacional tornou a se reunir, em vez das até então pequenas escaramuças com o presidente, pareceu inevitável uma grande luta impiedosa, um combate mortal entre os dois poderes.

Tal como em 1849, durante o recesso parlamentar desse ano, o partido da ordem também se dividiu em suas diferentes frações, cada qual ocupada com as próprias intrigas de restauração, realimentadas com a morte de Luís Filipe. Henrique V, rei dos legitimistas, chegara a nomear um ministério de fato, com sede em Paris, e do qual participavam membros da comissão permanente. Portanto, de sua parte, Bonaparte estava autorizado a viajar pelos departamentos franceses e, dependendo do estado de espírito da cidade que honrava com sua presença, podia revelar, ora de modo mais velado, ora de modo mais aberto, seus próprios planos de restauração e angariar votos para si próprio. Nessas procissões, que naturalmente o grande *Moniteur* oficial e os pequenos *Moniteurs* privados de Bonaparte só podiam celebrar como cortejos triunfais, ele era constantemente acompanhado por afiliados *da Sociedade de 10 de dezembro*, que data de 1849. Sob o pretexto de fundar uma sociedade beneficente, o lumpemproletariado parisiense havia sido organizado em seções secretas. Cada uma delas era dirigida por um agente bonapartista, com um general bonapartista na liderança. Ao lado dos *roués* [estroinas] arruinados, com meios de subsistência suspeitos e de origem suspeita, e ao lado de ramificações decadentes e aventureiras da burguesia, encontravam-se vadios, soldados exonerados, condenados a trabalhos forçados que haviam sido libertados da prisão, galerianos evadidos, trapaceiros, prestidigitadores, *lazzaroni*,[86] punguistas, ilusionistas, jogadores, *maque-*

---

86. Nome depreciativo com o qual, originalmente, os espanhóis designavam a camada mais baixa da população no Reino de Nápoles, sobretudo os do bairro Mercato, que em 1647 protagonizaram a sublevação liderada por Masaniello. Os *lazzaroni* foram várias vezes manipulados por diversos governos reacionários contra movimentos liberais e democráticos. (N.T.)

reaux [rufiões], donos de bordéis, carregadores, literatos, tocadores de realejo, trapeiros, amoladores, caldeireiros, mendigos, em suma, toda a massa indefinida, desagregada, lançada de um lado e de outro, que os franceses chamam de *la bohème* [a boemia]. Com esses elementos que lhe são afins, Bonaparte formou a base da Sociedade de 10 de dezembro. "Sociedade beneficente" – no sentido de que todos os membros, tal como Bonaparte, sentiam a necessidade de fazer o bem à custa da nação trabalhadora. Esse Bonaparte, que se constituiu como *chefe do lumpemproletariado*; que apenas nele reencontra, de forma massificada, os interesses que persegue pessoalmente; que, nessa escumalha, nesse refugo, nessa escória de todas as classes, reconhece a única classe na qual pode apoiar-se incondicionalmente; ele é o verdadeiro Bonaparte, aquele *sans phrase* [sem retórica vazia]. *Roué* velho e astuto, concebe a vida histórica dos povos, bem como suas ações capitais e de Estado,[87] como comédias em seu sentido mais ordinário, como uma mascarada na qual os grandes figurinos, as grandes palavras e poses servem apenas para dissimular as patifarias mais mesquinhas. Foi assim que, em sua expedição a Estrasburgo, um abutre suíço treinado representou a águia napoleônica. Para sua irrupção em Bolonha, pôs alguns lacaios londrinos em uniforme francês.[88] Representavam o Exército. Em sua Sociedade de 10 de dezembro, reuniu dez mil biltres, encarregados de fazer o papel do povo, como Klaus Zettel[89] foi encarregado de fazer o papel do leão. Em um momento em que a própria burguesia representava a mais completa comédia, porém com a maior seriedade do mundo, sem violar nenhuma das condições pedantes da etiqueta dramática francesa, e ela própria era meio enganada, meio convencida da solenidade de suas ações capitais e de Estado, a vitória caberia ao aventureiro que tomasse a comédia simplesmente como tal. Somente quando ele afasta seu solene opositor, quando então assume com seriedade seu papel de imperador e, com a máscara napoleônica, acha que representa o verdadeiro Napoleão é que se torna vítima de sua própria visão de mundo, o bufão sério, que já não toma a história universal como uma comédia, e sim a própria comédia como história universal. Para Bonaparte, a Sociedade de 10 de dezembro foi o que as Oficinas Nacionais[90] foram

---

87. Em alemão, *Haupt-und Staatsaktionen* (ver nota 63). (N.T.)

88. Referência às tentativas fracassadas de Luís Bonaparte, durante a Monarquia de Julho, de organizar um golpe de Estado incitando motins entre os militares. (N.T.)

89. Referência ao personagem Nick Bottom, de *Sonho de uma noite de verão* (William Shakespeare), que na tradução alemã ganhou o nome de Klaus Zettel. (N.T.)

90. As Oficinas Nacionais (*les Ateliers Nationaux*) foram instituídas pelo governo provisório logo após a Revolução de Fevereiro de 1848, com o objetivo de dar trabalho aos desempregados, tanto em Paris como na província. Entretanto, devido à desorganização e ao grande

para os operários socialistas e o que as *Gardes Mobiles* foram para os republicanos burgueses: sua milícia particular de partido. Em suas viagens, as seções dessa sociedade, despachadas em trens, tinham de improvisar-lhe um público, demonstrar entusiasmo coletivo, gritar "Vive l'Empereur!" [Viva o Imperador!], insultar e espancar os republicanos, naturalmente sob a proteção da polícia. Ao retornarem a Paris, eram encarregadas de formar a vanguarda, antecipar-se às manifestações contrárias ou dispersá-las. A Sociedade de 10 de dezembro lhe pertencia, era *sua* obra, sua ideia mais característica. Quando se apropria de alguma coisa, esta lhe é dada pela força das circunstâncias; quando faz alguma coisa, são as circunstâncias que a fazem para ele, ou então ele se contenta em copiar as ações dos outros. Porém, quando fala publicamente aos cidadãos com a linguagem oficial da ordem, da família e da propriedade, tendo atrás de si a sociedade secreta dos Schufterle e dos Spiegelberg,[91] a sociedade da desordem, da prostituição e do roubo, esse é o próprio Bonaparte, o autor original, e a história da Sociedade de 10 de dezembro é sua própria história. Excepcionalmente, acontecera de os representantes populares, pertencentes ao partido da ordem, irem parar sob os bastões dos dezembristas. Mais ainda: o comissário de polícia Yon, designado à Assembleia Nacional e encarregado de velar por sua segurança, comunicou à comissão permanente, com base na deposição de certo Alais,[92] que uma seção dos dezembristas teria decidido assassinar o general Changarnier e de Dupin,[93] presidente da Assembleia Nacional, e já definido os indivíduos encarregados da execução. Compreende-se o terror do senhor Dupin. Uma investigação parlamentar sobre a Sociedade de 10 de dezembro, ou seja, a profanação do mundo secreto de Bonaparte, parecia inevitável. Pouco antes da reunião da Assembleia Nacional, Bonaparte dissolveu sua sociedade por precaução, naturalmente apenas no papel, pois ainda no final de 1851 o chefe de polícia Carlier, em um memorando detalhado, tentou em vão induzi-lo a extinguir efetivamente os dezembristas.

A Sociedade de 10 de dezembro deveria continuar sendo o exército particular de Bonaparte até ele conseguir transformar o Exército público

---

número de inscritos, a iniciativa durou pouco, pois se revelou onerosa e ineficaz. Sua dissolução causou uma sublevação dos operários em junho do mesmo ano. (N.T.)

91. Personagens da peça *Os bandoleiros*, de Friedrich Schiller. (N.T.)

92. Informante da polícia que servia ao comissário Yon. (N.T.)

93. André Dupin (1783-1865): político francês, orleanista, foi presidente da Assembleia Constituinte em 1849 e da Legislativa de 1849 a 1851. Posteriormente se tornou bonapartista. (N.T.)

em uma Sociedade de 10 dezembro. Para tanto, Bonaparte fez uma primeira tentativa pouco depois do adiamento da Assembleia Nacional, e justamente com o dinheiro que acabava de arrancar dela. Como fatalista, vivia com a convicção de que há certos poderes superiores aos quais o ser humano e, sobretudo, o soldado não conseguem resistir. Entre esses poderes, ele contava, acima de tudo, charutos e champanhe, aves frias e linguiças de alho. Portanto, nos salões do Eliseu, ele inicialmente tratava os oficiais e suboficiais a charutos e champanhe, aves frias e linguiças de alho. Em 3 de outubro, repetiu essa manobra com a massa das tropas na revista de St. Maur, e em 10 de outubro a mesma manobra em uma escala ainda maior no desfile de Satory. O tio se lembrava das campanhas de Alexandre[94] na Ásia; o sobrinho, das expedições conquistadoras de Baco[95] na mesma região. É bem verdade que Alexandre era um semideus, mas Baco era um deus e, ainda por cima, o deus protetor da Sociedade de 10 de dezembro.

Após a revista de 3 de outubro, a comissão permanente convocou o ministro da Guerra d'Hautpoul. Ele prometeu que essas violações à disciplina não se repetiriam. Sabe-se como Bonaparte manteve, em 10 de outubro, a palavra dada por d'Hautpoul. Changarnier comandara ambas as revistas como comandante em chefe do Exército de Paris. Membro da comissão permanente e, ao mesmo tempo, chefe da Guarda Nacional, "salvador" dos dias 19 de janeiro e 13 de junho, "baluarte da sociedade", candidato do partido da ordem para a dignidade presidencial, suposto Monk[96] de duas monarquias, até então nunca reconhecera sua subordinação ao ministro da Guerra; sempre escarnecera abertamente da instituição republicana e perseguira Bonaparte com uma proteção de ambígua distinção. Nesse momento, defendia com fervor a disciplina contra o ministro da Guerra e a Constituição contra Bonaparte. Enquanto em 10 de outubro parte da cavalaria entoava o grito "Vive Napoléon! Vivent les saucissons!" [Viva Napoleão! Viva as linguiças!], Changarnier tomava providências para que ao menos a infantaria que desfilava sob o comando de seu amigo Neumeyer[97] observasse um silêncio glacial. Como punição, o

---

94. Referência a Alexandre, o Grande (356-323), rei da Macedônia, célebre por suas expedições na Ásia. (N.T.).

95. Baco, na mitologia romana (ou Dionísio, na mitologia grega), era o deus do vinho. (N.T.).

96. George Monk (1608-1669): general inglês, teve grande influência na restauração da dinastia dos Stuart. (N.T.)

97. Maximilien Georges Neumeyer (1789-1866): general francês, apoiou a maioria da Assembleia de 1850. Punia os soldados que gritassem "Viva o imperador!" nos desfiles militares. (N.T.)

ministro da Guerra, instigado por Bonaparte, destituiu o general Neumeyer de seu posto em Paris, com o pretexto de nomeá-lo para o comando da 14ª e da 15ª divisão militar. Neumeyer recusou essa transferência e, assim, foi obrigado a demitir-se. Changarnier, por sua vez, publicou em 2 de novembro uma ordem do dia em que proibia as tropas de se permitirem gritos e manifestações políticas de qualquer tipo enquanto estivessem sob as armas. Os periódicos do Eliseu atacaram Changarnier, os do partido da ordem atacaram Bonaparte; a comissão permanente repetiu sessões secretas em que se propôs reiteradas vezes declarar o país em perigo. O Exército pareceu dividido em dois campos inimigos, com dois Estados-Maiores inimigos, um no Eliseu, onde habitava Bonaparte, e outro nas Tulherias, onde habitava Changarnier. Parecia que bastava a Assembleia Nacional se reunir para que fosse dado o sinal para o combate. O público francês julgava esses atritos entre Bonaparte e Changarnier como aquele jornalista inglês, que os caracterizou com as seguintes palavras:

As serviçais políticas da França varrem as lavas ardentes da revolução com vassouras velhas, e altercam enquanto realizam esse trabalho.

Enquanto isso, Bonaparte apressou-se em demitir o ministro da Guerra d'Hautpoul, enviá-lo precipitadamente a Argel e nomear o general Schramm[98] para seu posto. Em 12 de novembro, mandou à Assembleia Nacional uma mensagem de prolixidade norte-americana, sobrecarregada de detalhes, exalando ordem, ávida por reconciliação, resignada à Constituição; uma mensagem em que se tratava de tudo e de todos, menos das *questions brûlantes* [questões acaloradas] do momento. Como de passagem, deixava escapar que, segundo as expressas determinações da Constituição, apenas o presidente dispunha do Exército. A mensagem se encerrava com as seguintes palavras, que asseguravam solenemente:

Acima de tudo, neste momento, a França requer tranquilidade... Vinculado unicamente por um juramento, manter-me-ei dentro dos estreitos limites por ele traçados... No que me concerne, eleito pelo povo e devendo meu poder apenas a ele, sempre me submeterei à sua vontade legalmente expressa. Se nesta sessão decidirdes pela revisão da Constituição, uma Assembleia Constituinte regulará a posição do Poder Executivo. Do con-

---

98. Alusão a Jean-Paul Adarn, conde de Schramm (1789-1884), general francês do Primeiro Império. (N.T.)

trário, em 1852, o povo proclamará solenemente sua decisão. No entanto, independentemente de quais possam ser as soluções para o futuro, entremos em um acordo para nunca deixarmos que a paixão, a surpresa ou a violência decidam o destino de uma grande nação... Acima de tudo, o que demanda minha atenção não é saber quem governará a França em 1852, e sim empregar o tempo de que disponho para que o período intermediário transcorra sem agitação nem perturbação. Com sinceridade, vos abri meu coração; respondereis à minha franqueza com vossa confiança, a meus bons esforços com vossa colaboração, e Deus fará o restante.

Essa linguagem respeitável da burguesia, hipocritamente moderada e com lugares-comuns virtuosos, revela seu sentido mais profundo na boca do autocrata da Sociedade de 10 de dezembro e do herói de piquenique de St. Maur e Satory. Os burgraves do partido da ordem não se iludiram nem por um instante com a confiança que esse desabafo merecia. Fazia tempo que demonstravam indiferença aos juramentos; em seu meio, contavam com veteranos e virtuoses do perjúrio político. A menção ao Exército não lhes passou despercebida. Notaram com desdém que, na enumeração prolixa das leis recém-promulgadas, a mensagem desconsiderava com afetado silêncio a lei mais importante, a eleitoral, e, antes, deixava a critério do povo a eleição presidencial de 1852, no caso de não haver uma revisão da Constituição. A lei eleitoral era a esfera de chumbo presa aos pés do partido da ordem, que o impedia de caminhar e, mais ainda, de atacar! Além disso, com a dissolução oficial da Sociedade de 10 de dezembro e a demissão do ministro da Guerra d'Hautpoul, Bonaparte sacrificara com as próprias mãos os bodes expiatórios no altar da pátria. Atenuara o perigo da esperada colisão. Por fim, o próprio partido da ordem tentou ansiosamente evitar, enfraquecer e encobrir todo conflito decisivo com o Poder Executivo. Por temor de perder as conquistas sobre a revolução, permitiu que seus rivais colhessem os frutos. "Acima de tudo, a França requer tranquilidade." Assim gritava o partido da ordem à revolução desde fevereiro, assim gritava a mensagem de Bonaparte ao partido da ordem. "Acima de tudo, a França requer tranquilidade." Bonaparte cometeu atos que visavam à usurpação, mas o partido da ordem provocou "perturbação" ao protestar em alto e bom som contra esses atos e interpretá-los de maneira hipocondríaca. As linguiças de Satory teriam ficado no mais perfeito silêncio se ninguém falasse delas. "Acima de tudo, a França requer tranquilidade." Portanto, Bonaparte exigia que o deixassem em paz para agir ao seu modo, e o partido parlamentar estava paralisado por um duplo temor: provocar novamente a agitação revolucionária e aparecer como o instigador da desordem aos olhos de sua própria classe, aos olhos da burguesia. Como a França requeria tranquilidade acima de tudo, o partido da ordem não ousou responder com o termo "guerra" depois que Bonaparte falou de "paz" em sua mensagem. O público, que se vangloriara de ter assistido a grandes cenas de escândalo na abertura da Assembleia Nacional, foi iludido em suas expectativas. Os deputados da oposição, que solicitavam a apresentação das atas da comissão permanente sobre os acontecimentos de outubro, foram vencidos pela maioria. Em princípio, evitava-se todo debate que pudesse causar agitação. Os trabalhos da Assembleia Nacional durante novembro e outubro de 1850 eram desinteressantes.

Por fim, por volta do final de dezembro, iniciou-se a guerrilha em torno de algumas prerrogativas do Parlamento. Desde que a burguesia, ao abolir o sufrágio universal, pusera um fim na luta de classes, o movimento se corrompia em chicanas mesquinhas em torno das prerrogativas de ambos os poderes.

Mauguin,[99] um dos representantes do povo, havia sido condenado por dívidas. A pedido do presidente do tribunal, o ministro da Justiça, Rouher,[100] declarou que era necessário emitir um mandado de prisão contra o devedor sem mais delongas. Portanto, Mauguin foi lançado na prisão dos devedores. Ao saber desse atentado, a Assembleia Nacional indignou-se. Não apenas ordenou sua imediata libertação, como também mandou seu *greffier* [escrivão] ir buscá-lo à força em Clichy na mesma noite. Contudo, para demonstrar sua fé na santidade da propriedade privada, e com a segunda intenção de abrir, em caso de necessidade, um asilo para Montagnards que se tornassem importunos, declarou que era lícita a prisão de representantes do povo por motivo de dívida após sua prévia autorização. Esqueceu-se de decretar que o presidente também poderia ser encarcerado por dívidas. Destruiu a última aparência de inviolabilidade que circundava os membros de seu próprio corpo.

Vale lembrar que o comissário de polícia Yon, com base no depoimento de certo Alais, denunciara uma seção dos dezembristas por ter tramado o assassinato de Dupin e Changarnier. A esse respeito, logo na

---

99. François Mauguin (1785-1854): advogado e político francês. Foi deputado nas assembleias Constituinte e Legislativa, e participou da revolução de julho de 1830. Contraiu muitas dívidas e chegou a ser preso em Clichy. (N.T.)

100. Eugène Rouher (1814-1884): estadista francês, foi ministro da Justiça entre 1849 e 1852, com alguns intervalos. Exerceu grande influência como conservador no Segundo Império e liderou o partido bonapartista na Terceira República. (N.T.)

primeira sessão, os questores sugeriram que o Parlamento criasse uma polícia parlamentar própria, paga com o orçamento privado da Assembleia Nacional e totalmente independente do chefe de polícia. Baroche, ministro do Interior, protestou contra essa intervenção em sua alçada. Em seguida, chegaram a um miserável acordo, segundo o qual o comissário de polícia da Assembleia deveria ser pago com o orçamento privado dela, bem como ser indicado e demitido por seus questores, porém, após prévio entendimento com o ministro do Interior. Nesse ínterim, o governo instaurou processo judicial contra Alais e, nesse caso, foi fácil apresentar seu depoimento como uma mistificação e, pela boca do promotor público, atribuir um papel ridículo a Dupin, Changarnier, Yon e a toda a Assembleia Nacional. Nessa data, 29 de dezembro, o ministro Baroche escreve uma carta a Dupin, exigindo a demissão de Yon. O escritório da Assembleia Nacional decide manter Yon em seu posto, mas a Assembleia, assustada com a violência praticada no caso Mauguin e habituada, quando ousa golpear o Poder Executivo, a receber de volta dois golpes, não sanciona essa decisão. Demite Yon para recompensá-lo por seu zelo e priva-se de uma prerrogativa parlamentar indispensável contra um homem que não decide à noite para executar durante o dia, mas decide durante o dia e executa à noite.

Vimos como a Assembleia Nacional, durante os meses de novembro e dezembro, em ocasiões de grande repercussão, evitou e reprimiu todo conflito com o Poder Executivo. Neste momento, vemo-la obrigada a aceitar a luta nas ocasiões mais mesquinhas. No caso Mauguin, a Assembleia confirmou o princípio de que os representantes do povo podem ser presos se não pagarem suas dívidas, mas se reserva o direito de aplicá-lo apenas aos representantes malquistos por ela, e reclama com o ministro da Justiça por esse infame privilégio. Em vez de aproveitar o suposto plano de assassinato para ordenar uma investigação sobre a Sociedade de 10 de dezembro e desmascarar irremediavelmente, perante a França e a Europa, Bonaparte em seu verdadeiro caráter de chefe do lumpemproletariado parisiense, ela deixa a colisão reduzir-se a um ponto em que se trata apenas de saber a quem, entre ela e o ministro do Interior, cabe a competência de nomear ou demitir um comissário de polícia. Assim, durante todo esse período, vemos o partido da ordem forçado por sua ambígua posição a dissipar e esboroar sua luta contra o Poder Executivo em rixas mesquinhas de competência, chicanas, picuinhas, conflitos de fronteira, e a fazer das mais insípidas questões formais o conteúdo de sua atividade. Não ousa iniciar a luta no momento em que esta tem uma importância em termos de princípio, em que o Poder

Executivo realmente se desmascarou e a causa da Assembleia Nacional seria a mesma da nação. Desse modo, daria à nação uma ordem de marcha, e seu maior temor é ver a nação em movimento. Por isso, nessas ocasiões, rejeita as propostas da Montagne e passa para a ordem do dia. Assim, uma vez abandonada a questão controversa em suas grandes dimensões, o Poder Executivo espera tranquilamente o momento em que poderá retomá-la em ocasiões mesquinhas e insignificantes, nas quais, por assim dizer, ela só oferece um interesse parlamentar local. Então explode a raiva contida do partido da ordem; então esse partido arranca a cortina que esconde os bastidores, denuncia o presidente, declara a República em perigo, mas seu emocionalismo também se mostra insípido, e a motivação da luta parece um pretexto hipócrita ou, de modo geral, algo pelo qual não vale a pena combater. A tempestade parlamentar torna-se uma tempestade em um copo d'água; a luta se torna intriga; a colisão se torna escândalo. Enquanto a alegria maldosa das classes revolucionárias se nutre da humilhação da Assembleia Nacional, pois elas se entusiasmam tanto com as prerrogativas parlamentares como a Assembleia se entusiasma com as liberdades públicas, a burguesia fora do Parlamento não entende como a burguesia dentro dele pode desperdiçar seu tempo com querelas tão mesquinhas e comprometer a tranquilidade com rivalidades tão lamentáveis com o presidente. Fica confusa com uma estratégia que conclui a paz no momento em que o mundo inteiro espera batalhas, e ataca no momento em que o mundo inteiro acredita que a paz foi concluída.

Em 20 de dezembro, Pascal Duprat[101] interpelou o ministro do Interior sobre a loteria das barras de ouro. Essa loteria era uma "filha do Elísio";[102] junto com seus fiéis seguidores, Bonaparte a pusera no mundo, e o chefe de polícia Carlier a colocara sob sua proteção oficial, embora a lei francesa proíba todo tipo de loteria, com exceção dos sorteios para fins beneficentes. Sete milhões de bilhetes, valendo um franco cada um, cujo lucro seria destinado a pagar a viagem de navio dos vagabundos de Paris até a Califórnia. Por um lado, sonhos dourados deveriam suplantar os sonhos socialistas do proletariado parisiense; a perspectiva sedutora da sorte grande deveria suplantar o direito doutrinário ao

---

101. Pascal Duprat (1815-1885): diplomata e político francês, foi redator-chefe de *La Revue Indépendante* e deputado nas assembleias Constituinte e Legislativa. No golpe de Estado de 2 de dezembro de 1851, votou pela destituição de Luís Napoleão Bonaparte. (N.T.)

102. Referência ao verso de *Ode à alegria*, de Schiller. Nessa passagem, Marx também faz um jogo de palavras entre o Elísio da mitologia grega, lugar de bem-aventurança, e o Palácio do Eliseu, onde residia Napoleão. (N.T.)

trabalho. Obviamente, os operários parisienses já não reconheceram no brilho das barras de ouro californianas os francos discretos, subtraídos de seu bolso. Em substância, porém, tratava-se de uma fraude pura e simples. Os vagabundos que queriam abrir minas de ouro na Califórnia sem ter de sair de Paris eram o próprio Bonaparte e seus cavaleiros da távola-redonda, arruinados em razão de suas dívidas. Os três milhões concedidos pela Assembleia Nacional foram dilapidados em patuscadas; de uma maneira ou de outra, o caixa tinha de ser preenchido de novo. Em vão, Bonaparte abrira uma subscrição nacional para a construção das chamadas *cités ouvrières* [cidades operárias], e ele próprio aparecia no topo da lista com uma soma significativa. Os burgueses de coração duro aguardaram com desconfiança que ele pagasse a quantia subscrita, e, como naturalmente isso não aconteceu, a especulação sobre os castelos de vento socialistas desmoronou. As barras de ouro tiveram melhor fim. Bonaparte e seus companheiros não se contentaram em embolsar parcialmente o excedente dos sete milhões de bilhetes sobre barras destinadas à loteria. Fabricaram bilhetes falsos e emitiram dez, quinze e até vinte bilhetes com o mesmo número – uma operação financeira no espírito da Sociedade de 10 de dezembro! Aqui, a Assembleia Nacional já não tinha diante de si o fictício presidente da República, e sim Bonaparte em carne e osso. Aqui, podia pegá-lo em flagrante, em conflito não com a Constituição, mas com o *Code pénal* [Código penal]. Se após a interpelação de Duprat ela passou para a ordem do dia, isso aconteceu não apenas porque a proposta de Girardin[103] de declarar-se "satisfait" [satisfeito] evocava à memória do partido da ordem sua corrupção sistemática. O burguês e, sobretudo, o burguês ensoberbecido com a condição de estadista completa sua vileza prática com uma redundância teórica. Como estadista, tal como o poder estatal que tem diante de si, torna-se um ser superior que só pode ser combatido de modo superior e consagrado.

Bonaparte, que justamente como boêmio e príncipe do lumpemproletariado tinha a vantagem sobre o burguês infame de poder conduzir a luta com meios vis, viu então – depois que a própria Assembleia o

---

103. Émile de Girardin (1806-1881): jornalista e político francês. Fundador do jornal *La Presse*, revolucionou os modelos jornalísticos praticados até então, inserindo nos periódicos anúncios publicitários para reduzir o custo das assinaturas e criando os romances de folhetim. Na política, opôs-se ao conservador Guizot sob a Monarquia de Julho, e em 1848 apoiou a candidatura de Luís Napoleão Bonaparte à Presidência da República. Contudo, após o golpe de Estado de 2 de dezembro de 1851, declarou-se contra a restituição do regime imperial. (N.T.)

guiara de mãos dadas pelo chão escorregadio dos banquetes militares, das revistas, da Sociedade de 10 de dezembro e, por fim, do *Code pénal* – que era chegado o momento em que ele poderia passar da aparente defensiva para a ofensiva. As pequenas derrotas sofridas nesse meio-tempo pelos ministros da Justiça, da Guerra, da Marinha e da Fazenda, por meio das quais a Assembleia Nacional manifestava seu mal-humorado descontentamento, não o perturbaram muito. Não apenas impediu os ministros de se demitir e, assim, reconhecer a submissão do Poder Executivo ao Parlamento. A partir de então, poderia concluir o que havia iniciado durante o recesso da Assembleia Nacional: a separação do poder militar do Parlamento, a *destituição de Changarnier*.

Um jornal do Eliseu publicou uma ordem do dia, que deveria ser endereçada à primeira divisão militar durante o mês de maio – portanto, ser emitida por Changarnier –, na qual se recomendava aos oficiais, em caso de sublevação, não dar quartel[104] aos traidores em suas próprias fileiras, fuzilá-los de imediato e recusar tropas à Assembleia Nacional, caso ela as requisitasse. Em 3 de janeiro de 1851, o gabinete foi interpelado a respeito dessa ordem do dia. Para analisar a questão, inicialmente exigiu três meses, depois uma semana e, por fim, apenas 24 horas de reflexão. A Assembleia insistiu para receber um esclarecimento imediato. Changarnier se levantou e explicou que essa ordem do dia nunca existira. Acrescentou que sempre se apressaria para atender às demandas da Assembleia Nacional e que ela poderia contar com ele em caso de conflito. A Assembleia recebeu sua explicação com aplausos indescritíveis e decretou um voto de confiança. Ela abdica, decreta sua própria impotência e a onipotência do Exército ao se colocar sob a proteção privada de um general, mas ele se engana ao pôr à disposição dela, contra Bonaparte, um poder que ele só detém como feudo de Bonaparte, e ao esperar, por sua vez, uma proteção desse Parlamento, de seu protegido que precisa de proteção. Contudo, Changarnier acredita no misterioso poder de que a burguesia o investiu a partir de 29 de janeiro de 1849. Ele se considera o terceiro poder ao lado dos outros dois poderes de Estado e partilha o destino dos outros heróis ou, antes, dos santos da época, cuja grandeza consiste justamente na grande opinião interessada que seu partido cria em torno deles, e que se reduzem a figuras cotidianas tão logo as circunstâncias os convidem a operar milagres. De modo geral, a incredulidade é o inimigo mortal desses supostos heróis e santos

---

104. Aqui, no sentido de "perdão". (N.T.)

reais. Eis a razão para sua indignação moral, repleta de dignidade, para com os galhofeiros e trocistas pobres de entusiasmo. Na mesma noite, os ministros são convocados a comparecer no Eliseu. Bonaparte exige a destituição de Changarnier; cinco ministros se recusam a assiná-la. *Le Moniteur* anuncia uma crise ministerial, e a imprensa do partido da ordem ameaça formar um Exército parlamentar sob o comando de Changarnier. O partido da ordem estava autorizado pela Constituição a dar esse passo. Só precisava nomear Changarnier presidente da Assembleia Nacional e requisitar um número qualquer de tropas para sua segurança. Podia fazê-lo com tanto mais segurança quanto Changarnier ainda estava de fato na liderança do Exército e da Guarda Nacional parisiense, e só esperava ser requisitado junto com o Exército. A imprensa bonapartista nem sequer ousou questionar o direito da Assembleia Nacional de requisitar diretamente as tropas – um escrúpulo jurídico que, dadas as circunstâncias, não prometia nenhum êxito. É provável que o Exército tivesse obedecido à ordem da Assembleia Nacional, se considerarmos que Bonaparte teve de procurar por oito dias em toda a Paris para finalmente encontrar dois generais – Baraguey d'Hilliers[105] e Saint-Jean-d'Angély[106] – que se declarassem dispostos a contra-assinar a destituição de Changarnier. No entanto, o fato de que o partido da ordem tenha encontrado em suas próprias fileiras e no Parlamento o número de votos necessário para tal deliberação é mais do que suspeito, se pensarmos que, oito dias depois, 286 votos se separaram do partido e que a Montagne rejeitou uma proposta semelhante, ainda em dezembro de 1851, no último momento da decisão. Entretanto, talvez os burgraves ainda conseguissem arrastar a massa de seu partido para um heroísmo que consistia em sentir-se seguro atrás de uma floresta de baionetas e em aceitar o serviço de um Exército que havia desertado para o seu campo. Em vez disso, na noite de 6 de janeiro, os senhores burgraves se dirigiram ao Eliseu e, usando de formulações e considerações cheias de astúcia política, tentaram fazer Bonaparte desistir da destituição de Changarnier. Quando se tenta convencer alguém, é

---

105. Achille Baraguey d'Hilliers (1795-1878): marechal francês, distinguiu-se na guerra da Argélia, onde foi nomeado coronel, em 1830. Em 1851, foi enviado a Roma por Luís Napoleão Bonaparte para restabelecer na cidade o Sumo Pontífice, que havia sido banido pelos revolucionários. No mesmo ano, substituiu Changarnier no comando do Exército de Paris. (N.T.)
106. Auguste Michel Regnault de Saint-Jean d'Angély (1794-1870): general francês, foi deputado na Assembleia Legislativa. Partidário do golpe de Estado de 2 de dezembro de 1851, logo em seguida foi nomeado membro da comissão consultiva e do comitê consultivo da cavalaria, do qual se tornou presidente em 1853. (N.T.)

porque se reconhece que ele é o mestre da situação. Tranquilizado por esse passo, Bonaparte nomeou, em 12 de janeiro, um novo ministério, no qual permaneceram os líderes do antigo, Fould e Baroch. Saint-Jean d'Angély se tornou ministro da Guerra; o jornal *Le Moniteur* publicou o decreto da destituição de Changarnier; seu comando foi dividido entre Baraguey d'Hilliers, que recebeu a primeira divisão militar, e Perrot,[107] que ficou com a Guarda Nacional. O baluarte da sociedade é deposto, e se por um lado nenhuma pedra cai dos telhados, por outro, sobem as cotações da Bolsa.

Ao repelir o Exército, que se colocara à sua disposição na pessoa de Changarnier, e, assim, entregá-lo irrevogavelmente ao presidente, o partido da ordem declara que a burguesia perdeu a vocação para comandar. Já não existe nenhum ministério parlamentar. Ao perder então o domínio sobre o Exército e a Guarda Nacional, qual outro meio violento lhe restava para defender, ao mesmo tempo, o poder do Parlamento usurpado do povo e seu poder constitucional contra o presidente? Nenhum. Restava-lhe apenas apelar para princípios não violentos, que ele próprio sempre interpretara como regras gerais que se prescrevem a terceiros para se poder ter mais liberdade de ação. Com a destituição de Changarnier e a atribuição do poder militar a Bonaparte, encerra-se a primeira parte do período que estamos analisando, o período da luta entre o partido da ordem e o Poder Executivo. Nesse momento, a guerra entre ambos os poderes está abertamente declarada, será abertamente conduzida, mas apenas depois que o partido da ordem perder armas e soldados. Sem ministério, sem Exército, sem povo, sem opinião pública, não sendo mais representante da nação soberana desde sua lei eleitoral de 31 de maio, sem olhos, sem ouvidos, sem dentes, sem tudo, a Assembleia Nacional transformou-se aos poucos em um *Parlamento da antiga* França,[108] que teve de entregar a ação para o governo e contentar-se com objeções rabugentas *post festum* [*a posteriori*].

O partido da ordem recebe o novo ministério com uma tempestade de indignação. O general Bedeau evoca a moderação da comissão permanente durante o recesso e a extrema consideração com a qual ela renunciara à publicação de suas atas. O ministro do Interior insiste então

---

107. Benjamin Pierre Perrot (1791-1865): general e político francês. Em 1830, participou da expedição à Argélia como chefe de batalhão e, em 1848, ajudou a debelar a Insurreição de Junho. (N.T.)

108. Referência às instituições anteriores à Revolução Francesa. O Parlamento de Paris era o mais importante e desempenhava tanto funções administrativas como políticas. (N.T.)

na publicação dessas atas, que, a essa altura, naturalmente devem ter se tornado insípidas como água estagnada, não revelam nenhum fato novo e vão parar em meio ao público *blasé* sem produzir o menor efeito. Com base na proposta de Rémusat,[109] a Assembleia Nacional retira-se em seus escritórios e nomeia um "Comitê de Medidas Extraordinárias". Paris se desvia ainda menos de sua ordem cotidiana porque o comércio nesse momento prospera, as manufaturas estão ocupadas, os preços dos grãos estão baixos, há fartura de víveres e as caixas econômicas recebem diariamente novos depósitos. Em 18 de janeiro, as "medidas extraordinárias", que o Parlamento anunciou com tanto alarde, reduzem-se a um voto de desconfiança contra os ministros, sem que o general Changarnier fosse sequer mencionado. O partido da ordem viu-se obrigado a formular seu voto dessa forma a fim de garantir os votos dos republicanos, uma vez que, de todas as medidas do ministério, a destituição de Changarnier era justamente a única aprovada por eles, enquanto o partido da ordem de fato não podia criticar os outros atos ministeriais que ele próprio ditara.

O voto de desconfiança de 18 de janeiro foi aprovado por 415 votos contra 286. Portanto, só foi obtido graças a uma *coalizão* dos legitimistas e orleanistas declarados com os republicanos puros e a Montagne. Desse modo, ficou provado que o partido da ordem perdera não apenas o ministério e o Exército, mas, nos conflitos com Bonaparte, também sua maioria parlamentar autônoma; e que um grupo de representantes tinha desertado de seu campo, movido pelo fanatismo por conciliação, pelo medo da luta, pelo cansaço, pela consideração por familiares consanguíneos, assalariados do Estado, por especulação sobre futuros postos vagos no ministério (Odilon Barrot), por puro egoísmo, que faz o burguês comum sempre tender a sacrificar o interesse geral de sua classe por este ou aquele interesse particular. Desde o início, os representantes bonapartistas pertenciam ao partido da ordem apenas na luta contra a revolução. Já na época, Montalembert,[110] chefe do partido católico, lançou sua influência na balança de Bonaparte, desesperado que estava com a vitalidade do partido parlamentar. Por fim, os líderes desse partido, Thiers e Berryer, o orleanista e o legitimista, foram obrigados a se

---

109. Charles François Marie, conde de Rémusat (1797-1875): político e filósofo francês, foi ministro do Interior (1840) e das Relações Exteriores (1871-1873). (N.T.)
110. Charles Forbes René de Tryon, conde de Montalembert (1810-1870): nascido em Londres, filho de um nobre francês, trabalhou como editorialista do jornal *L'Avenir*, alinhado ao catolicismo liberal na França. Defendia uma educação independente do Estado. (N.T.)

proclamar abertamente como republicanos, a confessar que seu coração era monárquico, mas sua cabeça, republicana; que a república parlamentar era a única forma possível de domínio da burguesia como um todo. Portanto, aos olhos da própria classe burguesa, viram-se forçados a estigmatizar os planos de restauração, que continuavam a perseguir de maneira incansável pelas costas do Parlamento, como uma intriga tão perigosa quanto insensata.

O voto de desconfiança de 18 de janeiro atingia os ministros, não o presidente. Contudo, não foi o ministério, e sim o presidente quem destituiu Changarnier. Deveria o partido da ordem acusar o próprio Bonaparte? Por causa de seu desejo de restauração? Eles apenas complementavam o seu próprio. Devido à sua conspiração nas revistas militares e na Sociedade de 10 de dezembro? Esses argumentos tinham sido enterrados havia muito tempo antes, sob simples ordens do dia. Devido à destituição do herói de 29 de janeiro e de 13 de junho, do homem que em maio de 1850 ameaçava, em caso de sublevação, incendiar todos os cantos de Paris? Seus aliados da Montagne e Cavaignac nem sequer lhes permitiram reerguer o baluarte caído da sociedade com uma simples demonstração oficial de condolência. Eles próprios não podiam negar ao presidente a autorização constitucional de destituir um general. Enfureceram-se apenas porque ele fez um uso não parlamentar de seu direito constitucional. Por acaso não tinham feito constantemente um uso inconstitucional de sua prerrogativa parlamentar, sobretudo na abolição do sufrágio universal? Portanto, viam-se obrigados a mover-se estritamente dentro dos limites parlamentares. E deviam ter sido afetados por aquela doença peculiar, que desde 1848 se alastrava pelo continente, o *cretinismo parlamentar*, que prendia os infectados em um mundo imaginário e lhes roubava todo sentido, toda lembrança e toda compreensão pelo rude mundo externo; deviam ter sido afetados por esse cretinismo parlamentar, uma vez que, depois de terem destruído com as próprias mãos todas as condições do poder parlamentar, tal como eram obrigados a fazer em sua luta contra as outras classes, ainda consideravam suas vitórias parlamentares verdadeiras vitórias e acreditavam atingir o presidente ao bater em seus ministros. Apenas lhe deram a oportunidade de humilhar mais uma vez a Assembleia Nacional aos olhos da nação. Em 20 de janeiro, *Le Moniteur* anunciou que a demissão de todo o ministério havia sido aceita. Sob o pretexto de que mais nenhum partido parlamentar possuía maioria, conforme provava o voto de 18 de janeiro, esse fruto da coalizão entre a Montagne e os monarquistas, e à espera de que se formasse uma nova maioria, Bonaparte nomeou um chamado ministério de transição, que não tinha nenhum membro pertencente ao Parlamento e era composto exclusivamente de indivíduos desconhecidos e insignificantes, um ministério de escriturários e escreventes. O partido da ordem podia, então, exaurir-se no jogo com essas marionetes; o Poder Executivo considerava que não valia mais a pena ser seriamente representado na Assembleia Nacional. Quanto mais seus ministros se mostravam puros estadistas, mais manifesta era a maneira como Bonaparte concentrava todo o Poder Executivo em sua pessoa, e dispunha de uma margem de manobra mais ampla para explorá-lo para seus próprios fins. Em coalizão com a Montagne, o partido da ordem vingou-se ao rejeitar a dotação presidencial de 1.800.000 francos, que o chefe da Sociedade de 10 de dezembro obrigara seus escriturários ministeriais a propor. Dessa vez decidiu uma maioria de apenas 102 votos; portanto, desde o dia 18 de janeiro, 27 votos a menos. A dissolução do partido da ordem prosseguia. Ao mesmo tempo, para que em nenhum momento houvesse algum engano quanto ao significado de sua coalizão com a Montagne, esse partido nem sequer se dignou a considerar uma proposta de anistia geral dos criminosos políticos, assinada por 189 membros da Montagne. Bastou que o ministro do Interior, certo Vaïsse,[111] declarasse que a tranquilidade era apenas aparente, que em segredo reinava uma grande agitação; em segredo organizavam-se sociedades por toda parte; os jornais democráticos estavam se preparando para reaparecer; os relatos provenientes dos departamentos eram desfavoráveis; os refugiados de Genebra conduziam uma conjuração que passava por Lyon e se estendia por todo o sul da França; o país estaria à beira de uma crise industrial e comercial; os fabricantes de Roubaix teriam reduzido a jornada de trabalho; os presos de Belle Isle[112] ter-se-iam rebelado – bastou que um simples Vaïsse evocasse o espectro vermelho para que o partido da ordem rejeitasse sem discussão uma proposta que teria dado à Assembleia Nacional uma imensa popularidade e lançado Bonaparte de volta em seus braços. Em vez de se deixar intimidar pelo Poder Executivo com a perspectiva de novas perturbações, a Assembleia Nacional deveria ter concedido um pequeno espaço à luta de classes, para manter o Poder

---

111. Claude Marius Vaïsse (1799-1864): ministro do Interior por apenas onze semanas, em 1851, também foi secretário-geral da região de Bouches-du-Rhône, no Segundo Império, quando promoveu uma renovação urbanística da cidade de Lyon. (N.T.)
112. Belle-Île-en-Mer: ilha francesa na costa meridional da Bretanha. Foi prisão política de 1848 a 1858. (N.T.)

74

Executivo dependente dela. Mas ela não se sentia madura o suficiente para brincar com fogo. Nesse ínterim, o chamado ministério de transição continuou a vegetar até meados de abril. Bonaparte cansou a Assembleia Nacional e troçou dela com combinações ministeriais constantes e novas. Ora parecia querer formar um ministério republicano, com Lamartine[113] e Billault;[114] ora outro parlamentar, com o inevitável Odilon Barrot, cujo nome nunca podia faltar quando se precisava de um *dupe* [alguém fácil de enganar]; ora um ministério legitimista, com Vatimesnil[115] e Benoist d'Azy;[116] ora outro orleanista, com Maleville.[117] Enquanto mantinha as diferentes frações do partido da ordem em estado de tensão umas contra as outras e as assustava com a perspectiva de um ministério republicano e do inevitável restabelecimento do sufrágio universal, suscitava na burguesia a convicção de que seus sinceros esforços para criar um ministério parlamentar fracassavam em razão da irreconciliabilidade das frações monarquistas. No entanto, a burguesia reivindicava com tanto mais força um "governo forte"; achava tanto mais imperdoável deixar a França "sem administração", quanto mais iminente parecia ser uma crise comercial geral, que promoveria o socialismo nas cidades, tal como o faziam os ruinosos preços baixos dos cereais no campo. O comércio se enfraquecia a cada dia, o número de desempregados crescia a olhos vistos. Em Paris, eram ao menos dez mil operários sem pão; em Rouen, Mulhouse, Lyon, Roubaix, Tourcoing, Saint-Etienne, Elbeuf etc., inúmeras fábricas estavam paradas. Nessas circunstâncias, Bonaparte pôde

---

113. Alphonse Marie Louis de Prat de Lamartine (1790-1869): poeta, escritor e político francês. Foi deputado sob a Monarquia de Julho. Passou do monarquismo ao republicanismo e desempenhou um papel importante na Revolução de 1848. Durante três meses, foi chefe do governo provisório. (N.T.)

114. Adolphe Billault (1805-1863): político e advogado francês. Eleito para a Assembleia Constituinte em 1848, era um republicano moderado. Em 1852, foi nomeado presidente do Corpo Legislativo e, de 1854 a 1858, ocupou o cargo de ministro do Interior. (N.T.)

115. Antoine François Henri Lefebvre de Vatimesnil (1789-1860): advogado e político francês. Foi ministro da Instrução Pública (1828-1829) e membro da Assembleia Legislativa (1849-1851). (N.T.)

116. Denis Benoist d'Azy (1796-1880): político e industrial francês. Alinhado à direita legitimista, foi inspetor-geral de finanças sob a Restauração. Foi eleito vice-presidente da Assembleia Legislativa. Com outros deputados, protestou contra o golpe de Estado de Luís Napoleão Bonaparte, em 2 de dezembro de 1851. Chegou a ser preso, mas foi libertado alguns dias depois. (N.T.)

117. Léon de Maleville (1803-1879): político francês. Foi vice-presidente da Assembleia Nacional e ministro do Interior, em 1848. Em 1875, foi eleito senador vitalício pela Assembleia Nacional. (N.T.)

ousar restaurar, em 11 de abril, o ministério de 18 de janeiro: os senhores Rouher, Fould, Baroche etc., reforçados pelo senhor Léon Faucher, que a Assembleia Constituinte, em seus últimos dias, estigmatizara por unanimidade, à exceção dos votos de cinco ministros, com um voto de desconfiança por divulgação de mensagens telegráficas falsas. Portanto, em 18 de janeiro, a Assembleia Nacional obteve uma vitória sobre o ministério; por três meses, lutara contra Bonaparte, para que em 11 de abril Fould e Baroche pudessem admitir como terceiro integrante em sua associação ministerial o puritano Faucher.

Em novembro de 1849, Bonaparte contentara-se com um ministério *não parlamentar*; em janeiro de 1851, com outro *extraparlamentar*; em 11 de abril, sentiu-se forte o suficiente para formar um ministério *antiparlamentar*, que reunia em si, de modo harmonioso, os votos de desconfiança de ambas as assembleias, a Constituinte e a Legislativa, a republicana e a monarquista. Essa sucessão de ministérios era o termômetro com o qual o Parlamento podia medir a diminuição do próprio calor vital. No final de abril, esse calor caiu tanto que Persigny,[118] em um encontro pessoal com Changarnier, pôde convidá-lo a passar para o lado do presidente. Assegurou-lhe que Bonaparte considerava a influência da Assembleia Nacional completamente aniquilada, e que já estaria pronta a proclamação a ser publicada após o *coup d'État* constantemente pretendido, mas que o acaso de novo postergava. Changarnier comunicou aos líderes do partido da ordem esse necrológio, mas quem acredita que mordida de percevejo mata? E o Parlamento, tão abatido, tão desagregado, tão apodrecido como estava, não podia resignar-se a ver no duelo com o grotesco chefe da Sociedade de 10 de dezembro algo diferente do duelo com um percevejo. Porém, Bonaparte respondeu ao partido da ordem tal como Agesilau ao rei Ágis:[119] "A ti pareço uma formiga, mas um dia serei leão".

---

118. Jean-Gilbert Victor Fialin, duque de Persigny (1808-1872): estadista francês do Segundo Império. Foi deputado na Assembleia Legislativa (1849-1851), ministro do Interior (1852-1854; 1860-1863) e um dos organizadores do golpe de Estado de 2 de dezembro de 1851. (N.T.)

119. Ágis (?-400 a.C.): rei de Esparta de 427 a cerca de 400 a.C. e irmão mais velho de Agesilau II (444-360 a.C.), que o sucedeu no trono. (N.T.)

VI

A coalizão com a Montagne e os republicanos puros, à qual o partido da ordem se via condenado em seus vãos esforços de continuar em posse do poder militar e reconquistar a condução suprema do Poder Executivo, provava de maneira incontestável que havia perdido a *maioria parlamentar* autônoma. Em 28 de maio, o simples poder do calendário, do ponteiro das horas, deu o sinal de sua completa dissolução. Com o dia 28 de maio iniciava-se o último ano de vida da Assembleia Nacional. A partir de então, ela teria de optar pela manutenção inalterada da Constituição ou por sua revisão. Contudo, revisão da Constituição significava não apenas domínio da burguesia ou da democracia pequeno-burguesa, democracia ou anarquia proletária, república parlamentar ou Bonaparte; significava, ao mesmo tempo, Orleans ou Bourbon! Assim, caiu em meio ao Parlamento o pomo da discórdia, em torno do qual se deveria acender abertamente o conflito de interesses que dividia o partido da ordem em frações inimigas. O partido da ordem era uma associação de substâncias sociais heterogêneas. A questão da revisão produziu uma temperatura política, à qual o produto tornou a se decompor em seus componentes originais.

O interesse dos bonapartistas pela revisão era simples. Para eles, tratava-se sobretudo de anular o artigo 45, que proibia a reeleição de Bonaparte e a prorrogação de seu poder. Não menos simples pareceu a posição dos republicanos. Rejeitavam absolutamente toda revisão, nela vendo uma conspiração geral contra a República. Como dispunham de *mais de um quarto dos votos* na Assembleia Nacional e, segundo a Constituição, eram necessários três quartos dos votos para que se pudesse determinar legalmente a revisão e convocar uma assembleia para realizá-la, precisavam apenas contar seus votos para ter certeza da vitória. E tinham certeza da vitória.

Diante dessas posições claras, o partido da ordem encontrava-se em meio a contradições inextricáveis. Se rejeitasse a revisão, ameaçaria o *status quo*, deixando a Bonaparte apenas uma saída, a da força, e entregando a França à anarquia revolucionária no segundo [domingo do mês] de maio de 1852, no momento da decisão, com um presidente que perdia sua autoridade, um parlamento que havia muito tempo já não a tinha e um povo que pensava reconquistá-la. Se votasse pela revisão constitucional, sabia que votaria em vão e que fracassaria constitucionalmente em razão do veto dos republicanos. Se, contrariamente à Constituição, declarasse obrigatória a maioria simples dos votos, poderia ter a esperança de dominar a revolução apenas caso se submetesse incondicionalmente à soberania do Poder Executivo, tornando Bonaparte o mestre da Constituição, da revisão e do próprio partido da ordem. Uma revisão apenas parcial, que prolongasse o poder do presidente, prepararia o caminho para a usurpação imperialista. Uma revisão geral, que reduzisse a existência da República, levaria as aspirações dinásticas a um conflito inevitável, pois as condições para uma restauração bourbônica e as condições para uma restauração orleanista não apenas eram diferentes, mas também se excluíam reciprocamente.

A *república parlamentar* era mais do que o terreno neutro onde as duas frações da burguesia francesa, os legitimistas e os orleanistas, o latifúndio e a indústria, podiam viver lado a lado com os mesmos direitos. Era a condição indispensável para seu domínio *comum*, a única forma de Estado em que seu interesse geral de classe subordinava a si próprio, ao mesmo tempo, as reivindicações de suas frações particulares e todas as classes restantes da sociedade. Como monarquistas, recaíam em seu velho antagonismo, na luta pela supremacia da propriedade fundiária ou do dinheiro, e a máxima expressão desse antagonismo, sua personificação, eram os próprios reis, suas dinastias. Eis a razão para a resistência do partido da ordem ao *retorno dos Bourbon*.

Em 1849, 1850 e 1851, Créton,[120] orleanista e representante do povo, apresentara periodicamente a proposta de revogar o decreto que exilava as famílias reais. O Parlamento também apresentou periodicamente o espetáculo de uma Assembleia de monarquistas, que com obstinação trancava os portões pelos quais seus reis exilados poderiam retornar. Ricardo III[121] assassinara Henrique VI,[122] com a

---

120. Nicolas Créton (1789-1864): advogado e político francês. Foi deputado sob a Monarquia de Julho, nas assembleias Constituinte e Legislativa. (N.T.)

121. Ricardo III (1452-1485): rei da Inglaterra de 1483 até sua morte. Último rei da Casa de York e último da dinastia Plantageneta. (N.T.)

122. Henrique VI (1421-1471): rei da Inglaterra entre 1422 e 1461 e entre 1470 e 1471, pertencente à Casa de Lancaster. (N.T.)

observação de que ele era bom demais para este mundo e que seu lugar era no céu. Declaravam que a França era muito ruim para ter seus reis de novo. Levados pela força das circunstâncias, tornaram-se republicanos e sancionaram novamente a decisão popular que expulsava seus reis da França.

A revisão da Constituição – e as circunstâncias obrigavam a levá-la em consideração – punha em causa não apenas a República, mas também o domínio comum de ambas as frações da burguesia e, com a possibilidade da monarquia, reavivava a rivalidade dos interesses que a monarquia representara sobretudo de maneira alternada, a luta pela supremacia de uma fração sobre a outra. Os diplomatas do partido da ordem acreditavam que podiam pôr um fim à luta anexando ambas as dinastias, através de uma chamada *fusão* dos partidos monarquistas e suas casas reais. A verdadeira fusão da Restauração e da Monarquia de Julho foi a república parlamentar, em que as cores orleanistas e legitimistas foram apagadas e as diferentes espécies de burgueses desapareceram no burguês puro e simples, no gênero burguês. Porém, nesse momento, o orleanista deveria tornar-se legitimista, e o legitimista, orleanista. A monarquia em que se personificava seu antagonismo deveria representar sua unidade; a expressão de seus interesses exclusivos de fração deveria tornar-se expressão de seu interesse de classe comum; a monarquia deveria fazer o que apenas a abolição de duas monarquias, a república, pudera fazer e fizera. Essa era a pedra filosofal, e os doutores do partido da ordem quebravam a cabeça para produzi-la. Como se algum dia a monarquia legítima pudesse tornar-se a monarquia dos burgueses industriais ou a burguesia pudesse tornar-se o reino da aristocracia fundiária hereditária. Como se a propriedade fundiária e a indústria pudessem irmanar-se sob uma única coroa, quando a coroa só pode cobrir uma única cabeça, aquela do irmão mais velho ou do mais novo. Como se a indústria pudesse, de maneira geral, conciliar-se com a propriedade fundiária, enquanto a propriedade fundiária não decidir tornar-se ela própria industrial. Se Henrique V morresse amanhã, o conde de Paris não se tornaria rei dos legitimistas por causa disso, a menos que deixasse de ser rei dos orleanistas. Contudo, os filósofos da fusão, que ocupavam mais espaço à medida que a questão da revisão ganhava o primeiro plano, que criaram na "Assemblée national" um jornal oficial e que estão novamente em atividade, até mesmo neste momento (fevereiro de 1852), atribuíam todas as dificuldades à resistência e à rivalidade de ambas as dinastias. As tentativas de conciliar a família Orleans com

Henrique V, iniciadas desde a morte de Luís Filipe, mas conduzidas, como as intrigas dinásticas de modo geral, durante o recesso da Assembleia Nacional, nos entreatos, nos bastidores, mais como coquetismo sentimental com a antiga superstição do que como uma questão levada a sério, tornaram-se ações capitais e de Estado,[123] apresentadas pelo partido da ordem no palco público, e não mais em teatros amadores, como até então. Os mensageiros voaram de Paris a Veneza,[124] de Veneza a Claremont, de Claremont a Paris. O conde de Chambord publica um manifesto em que anuncia, "com o auxílio de todos os membros de sua família", não a sua, mas a Restauração "nacional". O orleanista Salvandy[125] lança-se aos pés de Henrique V. Os chefes legitimistas Berryer, Benoist d'Azy e Saint-Priest[126] dirigem-se a Claremont para convencer os Orleans, mas em vão. Os fusionistas percebem tarde demais que os interesses de ambas as frações da burguesia não perdem em exclusividade nem ganham em condescendência quando se exacerbam na forma de interesses familiares, de interesses de duas casas reais. Se Henrique V reconhecesse o conde de Paris como seu sucessor – o único êxito que a fusão poderia alcançar no melhor nos casos –, a Casa de Orleans não ganharia nenhum direito que já não lhe tivesse sido garantido pelo fato de Henrique V não ter filhos, mas perderia todos os direitos conquistados com a Revolução de Julho. Renunciaria às suas reivindicações originais, a todos os títulos que arrancara do ramo mais antigo dos Bourbon em uma luta de quase cem anos, trocaria sua prerrogativa histórica, a da monarquia moderna, por aquela de sua árvore genealógica. Portanto, a fusão não passava de uma abdicação voluntária da Casa de Orleans, de sua resignação legitimista, do arrependimento por ter renunciado à Igreja estatal protestante pela Igreja Católica. Uma renúncia que nem sequer a conduzia ao trono que perdera, e sim aos degraus do trono em que nascera. Na realidade, os ex-ministros orleanistas Guizot,

---

123. Em alemão, *Haupt-und Staatsaktionen* (ver nota 63). (N.T.)

124. Na época, o conde de Chambord, legitimista que aspirava ao trono francês, residia em Veneza. (N.T.)

125. Narcisse-Achille de Salvandy (1795-1856): político e escritor francês. Foi deputado, conselheiro de Estado, duas vezes ministro da Instrução Pública (1837-1839; 1845-1848) e embaixador na Espanha (1841) e no Piemonte (1843). (N.T.)

126. Emmanuel Louis Marie de Guignard de Saint-Priest (1789-1881): militar e diplomata francês. Foi deputado na Assembleia Legislativa e embaixador da França em Madri. (N.T.)

Duchâtel[127] etc., que se precipitaram igualmente a Claremont para defender a fusão, representavam apenas o desânimo com a Revolução de Julho, o desespero com a monarquia burguesa e a monarquia dos burgueses, a crença supersticiosa na legitimidade como último amuleto contra a anarquia. Imaginavam-se mediadores dos Orleans e dos Bourbon; porém, na verdade, eram apenas orleanistas renegados e, como tais, foram recebidos pelo príncipe de Joinville.[128] Em contrapartida, Thiers, Baze etc., parte vital e belicosa dos orleanistas, tiveram mais facilidade para convencer a família de Luís Filipe de que, se toda restauração monárquica imediata pressupunha a fusão das duas dinastias, mas toda fusão das duas dinastias pressupunha a abdicação da Casa de Orleans, corresponderia totalmente à tradição de seus antepassados reconhecer temporariamente a República e aguardar até que os acontecimentos permitissem transformar a cadeira presidencial em trono. Divulgaram-se rumores sobre a candidatura de Joinville; a curiosidade pública continuou sendo aguçada, e, alguns meses mais tarde, depois de rejeitada a revisão, sua candidatura foi publicamente proclamada.

A tentativa de uma fusão monárquica entre orleanistas e legitimistas não apenas fracassara como também rompera sua *fusão parlamentar*, sua forma comum republicana, novamente decompondo o partido da ordem em seus componentes originários. Contudo, quanto mais crescia o afastamento entre Claremont e Veneza, quanto mais se rompia seu acordo e a agitação em torno de Joinville ganhava terreno, tanto mais fervorosas e sérias tornavam as negociações entre Faucher, ministro de Bonaparte, e os legitimistas.

A dissolução do partido da ordem não se deteve em seus elementos originários. Cada uma das duas grandes frações, por sua vez, desintegrou-se novamente. Era como se as antigas nuanças, que antes se combateram e se pressionaram dentro de cada um dos dois grupos, tanto dos legitimistas como dos orleanistas, tivessem se descongelado novamente, como infusórios dissecados ao entrar em contato com a água, como se tivessem readquirido vitalidade suficiente para formar os próprios grupos e oposições independentes. Os legitimistas

---

127. Charles Marie Tanneguy Duchâtel (1803-1867): advogado e político francês. Foi deputado, ministro do Comércio (1834), da Fazenda (1836-1837) e do Interior (1839-1840; 1840-1848). Era contra todas as propostas de reforma eleitoral. (N.T.)
128. Francisco Fernando Filipe, duque de Orleans, príncipe de Joinville (1818-1900): almirante francês, terceiro filho de Luís Filipe I. Após a Revolução de 1848, renunciou às suas funções e exilou-se com a família em Claremont, na Inglaterra. (N.T.)

sonhavam que estavam de volta às controvérsias entre as Tulherias e o Pavilhão Marsan,[129] entre Villèle e Polignac.[130] Os orleanistas reviviam a era de ouro dos torneios entre Guizot, Molé, Broglie, Thiers e Odilon Barrot.

A seção do partido da ordem que deseja a revisão, mas estava novamente dividida quanto aos limites dessa questão – composta dos legitimistas sob Berryer e Falloux, de um lado, e sob La Rochejaquelein,[131] de outro, bem como dos orleanistas cansados da luta, sob o comando de Molé, Broglie, Montalembert e Odilon Barrot –, concordou com os representantes bonapartistas a respeito da seguinte proposta indeterminada e ampla:

> Com o objetivo de restituir à nação o pleno exercício de sua soberania, os representantes subscritos propõem que a Constituição seja revista.

No entanto, ao mesmo tempo, por meio de Tocqueville,[132] seu relator, declararam em unanimidade que a Assembleia Nacional não tinha o direito de propor a *abolição da República* e que esse direito cabia apenas à câmara de revisão. De resto, a Constituição só poderia ser revista de *maneira "legal"*, ou seja, apenas se a maioria de três quartos dos votos, prescrita constitucionalmente, decidisse pela revisão. Após seis dias de tempestuosos debates, em 19 de julho, como era previsto, a revisão foi rejeitada. Houve 446 votos a favor, mas 278 contra. Thiers, Changargnier etc., orleanistas convictos, votaram com os republicanos e a Montagne.

---

129. O Palácio das Tulherias era a residência de Luís XVIII (1755-1824), rei da França a partir de 1814. O Pavilhão de Marsan fazia parte do Palácio das Tulherias e, sob Luís XVIII, foi residência do conde d'Artois (1757-1830), rei da França de 1824 a 1830, com o nome de Carlos X. (N.T.)

130. Marx refere-se aos conflitos legitimistas durante a Restauração. De um lado, o rei Luís XVIII e o primeiro-ministro Jean Baptiste Villèle (1773-1854) defendiam uma política moderada; de outro, o conde d'Artois e seu primeiro-ministro Jules Armand de Polignac (1780-1847) se mostravam favoráveis a uma política ultrarreacionária. (N.T.)

131. Henri Auguste Georges du Vergier, marquês de La Rochejaquelein (1805-1867): político e militar francês. Legitimista, foi deputado nas assembleias Constituinte e Legislativa. Quando senador sob Napoleão III, defendeu o catolicismo com fervor. (N.T.)

132. Charles Alexis Henri Clérel de Tocqueville (1805-1859): político, historiador e escritor francês. Após uma viagem aos Estados Unidos, em 1831, escreveu sua grande obra, *A democracia na América*. Como deputado, defendeu o abolicionismo e o livre comércio. (N.T.)

Portanto, a maioria do Parlamento declarou-se contra a Constituição, mas essa própria Constituição declarava-se a favor da minoria e dava à sua decisão um caráter obrigatório. Mas não tinha o partido da ordem subordinado a Constituição à maioria parlamentar em 31 de maio de 1850 e em 13 de junho de 1849? Toda a sua política até então não se baseava na submissão dos parágrafos da Constituição às decisões da maioria parlamentar? Não tinha deixado aos democratas a supersticiosa crença bíblica na letra da lei e os castigado por isso? Contudo, nesse momento, a revisão da Constituição nada mais significava do que a continuação do poder presidencial, assim como a continuação da Constituição nada mais significava do que a deposição de Bonaparte. O Parlamento declarara-se a seu favor, mas a Constituição se declarava contra o Parlamento. Portanto, se rasgasse a Constituição, ele agiria no sentido do Parlamento; se dispersasse o Parlamento, agiria no sentido da Constituição.

O Parlamento tinha declarado a Constituição – e, com ela, seu próprio domínio – "fora da maioria". Com sua decisão, havia abolido a Constituição, prolongado o poder presidencial e, ao mesmo tempo, declarado que nem uma poderia morrer nem o outro poderia viver enquanto o Parlamento continuasse a existir. Os pés daqueles que deveriam enterrá-lo já estavam às portas. Enquanto o Parlamento debatia a revisão, Bonaparte afastou do comando da primeira divisão militar o general Baraguey d'Hilliers, que se mostrava indeciso, e nomeou para seu posto o general Magnan,[133] vencedor de Lyon, herói das jornadas de dezembro, uma de suas criaturas, que, já sob Luís Filipe, se havia comprometido a favor de Bonaparte, por ocasião da expedição de Boulogne.

Com sua decisão sobre a revisão, o partido da ordem provou que não sabia nem dominar nem servir, nem viver nem morrer, nem tolerar nem derrubar a República, nem manter nem descartar a Constituição, nem colaborar com o presidente nem romper com ele. De quem esperaria, então, a solução para todas as contradições? Do calendário, do curso dos acontecimentos. Deixou de presumir que tinha alguma influência sobre os acontecimentos. Portanto, desafiou-os a exercer alguma influência sobre ele e, com isso, desafiava o poder ao qual en-

---

133. Bernard Pierre Magnan (1791-1865): general que, a partir de 1851, se tornou marechal da França. Coordenou a repressão às insurreições operárias em Lyon, em 1831 e 1849. Foi deputado na Assembleia Legislativa e um dos organizadores do golpe de Estado de Luís Napoleão. (N.T.)

tregara um atributo após o outro na luta contra o povo, até encontrar-se impotente diante desse poder. Para que o chefe do Poder Executivo pudesse elaborar com mais tranquilidade o plano de luta contra ele, reforçar seus meios de ataque, escolher suas ferramentas e consolidar suas posições, o partido da ordem decidiu sair de cena em meio a esse momento crítico e adiar sua sessão em três meses, de 10 de agosto para 4 de novembro.

O partido parlamentar não apenas tinha se dividido em duas grandes frações; cada uma das quais não apenas estava internamente desagregada; mas o partido da ordem no Parlamento havia entrado em conflito com o partido da ordem *fora* do Parlamento. Os porta-vozes e os escribas da burguesia, sua tribuna e sua imprensa, em suma, seus ideólogos e a própria burguesia, os representantes e os representados estavam frente a frente, e já não se reconheciam nem se compreendiam. Os legitimistas nas províncias, com seu horizonte restrito e seu entusiasmo ilimitado, acusavam seus líderes parlamentares, Berryer e Falloux, de ter desertado para o campo bonapartista e abandonado Henrique V. Com sua inteligência de flor-de-lis,[134] acreditavam no pecado original, mas não na diplomacia.

Incomparavelmente mais fatal e decisivo foi o rompimento da burguesia comercial com seus políticos. Ela os criticava, não como os legitimistas criticavam os seus por terem abandonado seus princípios, mas, ao contrário, por permanecerem fiéis a princípios que se tornaram inúteis.

Anteriormente já indiquei que, desde a entrada de Fould no ministério, a seção da burguesia comercial que possuía a parte do leão no domínio de Luís Filipe, ou seja, a *aristocracia financeira*, tornara-se bonapartista. Fould representava não apenas os interesses de Bonaparte na Bolsa – representava ao mesmo tempo o interesse da Bolsa junto a Bonaparte. A posição da aristocracia financeira ilustra da maneira mais acertada uma citação de seu jornal europeu, o *Economist*, de Londres. Em seu número de 1º de fevereiro de 1851, seu correspondente em Paris escreveu:

Constatamos em toda parte que a França requer, sobretudo, tranquilidade. É o que o presidente declara em sua mensagem à Assembleia Legislativa,

---

134. Ao utilizar a imagem da flor-de-lis, Marx alude ao mesmo tempo a uma inteligência pura e inocente, incapaz de compreender as manobras e as intrigas políticas, e ao emblema da realeza francesa. (N.T.)

mensagem essa ecoada pela tribuna nacional dos oradores, reiterada pelos jornais, proclamada nos púlpitos, *comprovada pela sensibilidade dos fundos públicos à menor perspectiva de perturbação, por sua firmeza, sempre que o Poder Executivo vence.*

Em seu número de 29 de novembro, o *Economist* declara em seu próprio nome:

Em todas as Bolsas da Europa, o presidente é reconhecido como a sentinela da ordem.

Desse modo, a aristocracia financeira condenava a luta parlamentar do partido da ordem contra o Poder Executivo como uma *perturbação da ordem*, e celebrava toda vitória do presidente sobre os supostos representantes do partido como uma *vitória da ordem*. Por aristocracia financeira há que entender aqui não apenas os grandes empresários do empréstimo e os especuladores de fundos públicos, cujo interesse, logo se compreende, coincide com o do poder do Estado. Todas as operações financeiras modernas, toda a economia bancária está entrelaçada da maneira mais íntima com o crédito público. Parte de seu capital comercial é necessariamente investida em títulos públicos rapidamente conversíveis e rende juros. Seus depósitos, o capital colocado à sua disposição e distribuído por eles entre comerciantes e industriais, provêm em parte dos dividendos de titulares de rendimentos estatais. Se em toda época a estabilidade do poder do Estado significou Moisés e os profetas para todo o mercado financeiro e seus sacerdotes, por que haveria de ser diferente hoje, quando todo dilúvio ameaça arrastar as antigas dívidas estatais junto aos antigos Estados?

Em seu fanatismo por ordem, a *burguesia industrial* também se irritou com as querelas do partido parlamentar da ordem com o Poder Executivo. Após seu voto de 18 de janeiro, por ocasião da destituição de Changarnier, Thiers, Anglès,[135] Sainte-Beuve[136] etc., receberam admoestações públicas justamente de seus eleitores dos distritos industriais, nas quais se desaprovava, sobretudo, sua coalizão com a Montagne como alta traição à ordem. Se de fato, conforme vimos, as provocações fanfar-

---

135. François Ernest Anglès (1807-1861): latifundiário francês, foi deputado na Assembleia Legislativa, defensor do partido da ordem. (N.T.)

136. Pierre-Henri de Sainte-Beuve (1819-1855): político francês, foi deputado nas assembleias Constituinte e Legislativa. Era conservador e hostil ao socialismo. (N.T.)

ronas e as intrigas mesquinhas em que se manifestava a luta do partido da ordem com o presidente não mereciam uma recepção melhor; por outro lado, esse partido burguês, que exige que seus representantes permitam, sem nenhuma resistência, que o poder militar passe das mãos de seu próprio Parlamento para as de um pretendente aventureiro, nem sequer era digno das intrigas desperdiçadas em seu interesse. Ele provava que a luta pela defesa de seu interesse *público*, de seu próprio *interesse de classe*, de seu *poder político*, apenas o incomodava e contrariava, uma vez que perturbava seus negócios privados.

Quase sem exceção, os dignitários burgueses das cidades departamentais, as autoridades municipais, os juízes dos tribunais comerciais etc. recebiam Bonaparte da maneira mais servil, em todos os lugares por onde ele passava em suas viagens, mesmo quando atacava sem reservas a Assembleia Nacional e, especialmente, o partido da ordem, tal como ocorrido em Dijon.

Quando os negócios iam bem, como ainda no início de 1851, a burguesia comercial vociferava contra toda luta parlamentar, a fim de não estragar o humor dos negócios. Quando iam mal, como continuamente a partir do final de fevereiro de 1851, ela acusava as lutas parlamentares de ser a causa da estagnação e gritava para que se calassem, a fim de que os negócios pudessem ser ouvidos novamente. Os debates sobre a revisão ocorreram justamente nesse período ruim. Como se tratava da condição de ser ou não ser da forma de Estado existente, a burguesia se sentia tanto mais autorizada a cobrar de seus representantes o fim dessa torturante situação provisória e, ao mesmo tempo, a manutenção do *status quo*. Não havia nenhuma contradição nisso. Pelo fim da situação provisória, ela entendia justamente sua continuação, a postergação a um futuro distante do momento em que seria necessário tomar uma decisão. O *status quo* só poderia ser mantido de duas maneiras: mediante o prolongamento do poder de Bonaparte ou mediante sua saída constitucional e a eleição de Cavaignac. Parte da burguesia desejava a última solução, mas não sabia dar a seus representantes melhor conselho que não fosse o de se calar e não tocar nessa questão controversa. Achava que, se seus representantes não falassem, Bonaparte não agiria. Desejava um parlamento avestruz, que escondesse a própria cabeça para não ser visto. Outra parte da burguesia desejava deixar Bonaparte na cadeira presidencial porque ele já a ocupava; assim, tudo continuaria do mesmo modo. Indignava-se com o fato de seu Parlamento não violar abertamente a Constituição nem abdicar sem fazer cerimônia.

Os Conselhos Gerais dos departamentos, essas representações provinciais da grande burguesia, que se reuniram a partir de 25 de agosto, durante o recesso da Assembleia Nacional, declararam-se quase unanimemente favoráveis à revisão, portanto, contra o Parlamento e a favor de Bonaparte. De maneira ainda mais inequívoca do que a ruptura com seus *representantes parlamentares*, a burguesia manifestou sua raiva contra seus representantes literários, sua própria imprensa. As condenações a somas exorbitantes e penas de detenção indecentes, emitidas pelos júris burgueses por todo ataque dos jornalistas burgueses aos desejos de usurpação de Bonaparte, por toda tentativa da imprensa de defender os direitos políticos da burguesia contra o Poder Executivo, surpreenderam não apenas a França, mas também toda a Europa.

Se, conforme demonstrei, o *partido parlamentar da ordem* condenou a si próprio ao silêncio de tanto gritar pedindo tranquilidade; se declarou o domínio político da burguesia incompatível com a segurança e a existência da burguesia – destruindo com as próprias mãos, na luta contra as outras classes da sociedade, todas as condições para seu próprio regime, o regime parlamentar –, por outro lado, a *massa extraparlamentar da burguesia*, com seu servilismo ao presidente, suas invectivas ao Parlamento e o modo brutal como tratava sua imprensa, convidava Bonaparte a reprimir e aniquilar suas partes oral e escrita, seus políticos e literatos, sua tribuna de oradores e sua imprensa, para que pudesse consagrar-se a seus negócios privados com total confiança, sob a proteção de um governo forte e irrestrito. Declarou inequivocamente que aspirava a livrar-se do próprio domínio político, a fim de se livrar dos esforços e dos perigos do poder.

E essa burguesia, que se indigna contra a luta meramente parlamentar e literária pelo domínio da própria classe e que traíra os líderes dessa luta, ousa agora, após os acontecimentos, acusar o proletariado de não se ter insurgido por ela em uma luta sangrenta, em uma luta de vida ou morte! Essa burguesia, que em todos os momentos sacrificou seu interesse geral de classe, ou seja, seu interesse político pelo mais limitado e sórdido interesse privado, e exigia de seus representantes sacrifício semelhante, agora se lamenta dizendo que o proletariado sacrificou seus interesses políticos ideais por seus interesses materiais. Posa de boa alma, incompreendida e abandonada no momento decisivo pelo proletariado enganado pelo socialismo. E encontra um eco geral no mundo burguês. Obviamente, não estou falando aqui dos políticos desonestos nem dos pobres de espírito da Alemanha. Refiro-me, por exemplo, ao mesmo *Economist*, que ainda em 29 de novembro de 1851, ou seja, quatro dias antes do golpe de Estado, declarara Bonaparte "sentinela da ordem", mas Thiers e Berryer como "anarquistas", e já em 27 de dezembro de 1851, depois de Bonaparte aquietar esses anarquistas e vociferar sobre a traição que teria sido perpetrada "por massas proletárias ignorantes, mal-educadas e estúpidas contra a habilidade, o conhecimento, a disciplina, a perspicácia espiritual e os recursos intelectuais e ao peso moral dos estratos médio e superior da sociedade". A massa estúpida, ignorante e vil não era outra senão a própria burguesia.

Por certo, em 1851, a França atravessara uma espécie de pequena crise comercial. No final de fevereiro, mostrou-se uma redução da exportação em relação a 1850; em março, o comércio sofreu, e fábricas foram fechadas; em abril, a situação do departamento industrial pareceu tão desesperadora quanto após as Jornadas de Fevereiro; em maio, os negócios ainda não se tinham recuperado; ainda em 28 de junho, devido a um enorme aumento dos depósitos e a uma diminuição igualmente grande dos adiantamentos em letras de câmbio, o portfólio do Banco da França indicava a estagnação da produção; somente em meados de outubro houve uma melhora progressiva dos negócios. A burguesia francesa atribuía essa estagnação comercial a razões meramente políticas, à luta entre o Parlamento e o Poder Executivo, à insegurança de uma forma de Estado apenas provisória, à perspectiva assustadora de um segundo [domingo do mês] de maio de 1852. Não quero negar que todas essas circunstâncias tenham pressionado para baixo alguns ramos da indústria em Paris e nos departamentos. De todo modo, porém, essa influência das circunstâncias políticas foi apenas local e sem importância. Seria necessário dar outra prova além do fato de que o comércio melhorou por volta de meados de outubro, justamente quando a situação política piorou, o horizonte político se obscureceu e a todo instante se esperava um raio vindo do Eliseu? De resto, enquanto durou a Exposição Industrial em Londres,[137] o burguês francês, "cuja habilidade, cujo conhecimento, cuja disciplina, cuja perspicácia espiritual e cujos recursos intelectuais" não vão além do próprio nariz, deu com o nariz na causa de sua miséria comercial. Enquanto na França as fábricas eram fechadas, na Inglaterra eclodiam bancarrotas comerciais. Enquanto na França o pânico industrial atingia seu ápice

---

137. Primeira exposição internacional do comércio e da indústria, ocorrida entre maio e outubro de 1851. (N.T.)

em abril e maio, na Inglaterra o pânico comercial chegava a seu ponto culminante no mesmo período. Tal como a indústria francesa da lã e a manufatura francesa da seda, as inglesas também sofriam. Embora os cotonifícios ingleses continuassem a trabalhar, já não tinham o mesmo lucro de 1849 e 1850. A diferença estava unicamente no fato de que a crise na França era industrial, ao passo que na Inglaterra era comercial; de que, enquanto na França as fábricas estavam paradas, na Inglaterra se expandiam, mas em condições mais desfavoráveis do que nos anos anteriores; de que na França eram as exportações a receber os piores golpes, enquanto na Inglaterra eram as importações. A causa comum, que naturalmente não deve ser buscada dentro das fronteiras do horizonte político francês, era evidente. Os anos de 1849 e 1850 foram os da maior prosperidade material e de uma superprodução que só se manifestou como tal em 1851. No início desse ano, essa superprodução foi especialmente fomentada graças à perspectiva da exposição industrial. Além disso, ocorreram as seguintes circunstâncias peculiares: primeiro, a colheita ruim do algodão de 1850 a 1851; em seguida, a certeza de uma colheita maior de algodão do que havia sido esperado; primeiro, a subida, depois a queda repentina – em resumo, as oscilações dos preços do algodão. Ao menos na França, a colheita da seda bruta ficara abaixo da média. Por fim, a partir de 1848, os lanifícios expandiram-se tanto que a produção de lã não conseguiu acompanhá-los, e o preço da lã crua subiu de modo desproporcional em relação ao preço dos produtos manufaturados de lã. Portanto, já aqui, na matéria-prima de três indústrias do mercado mundial, temos um triplo material para uma estagnação do comércio. Sem levar em conta essas circunstâncias especiais, a crise aparente de 1851 não passou de uma pausa que a superprodução e a superespeculação sempre fazem ao completar o ciclo industrial, antes de reunir todas as suas forças para atravessar febrilmente a última parte do ciclo e retornar a seu ponto de partida, a *crise comercial generalizada*. Nesses intervalos da história do comércio, eclodiram bancarrotas comerciais na Inglaterra, enquanto na França a própria indústria fechou as portas, em parte porque foi forçada a retirar-se de todos os mercados em razão da concorrência inglesa, que justamente nesse momento se tornava intolerável, e em parte porque, como indústria de luxo, foi especialmente atingida por toda a estagnação comercial. Desse modo, além das crises gerais, a França atravessou suas próprias crises comerciais nacionais, que, no entanto, são determinadas e condicionadas muito mais pelo estado geral do mercado mundial do que pelas influências francesas locais. Não deixa de ser interessante confrontar o julgamento do burguês inglês com o preconceito do burguês francês. Uma das maiores casas de Liverpool escreve em seu relatório comercial anual de 1851:

Poucos foram os anos que enganaram mais as antecipações feitas em seu início do que este que acaba de transcorrer. Em vez da grande prosperidade que todos esperavam em unanimidade, este foi um dos anos mais desencorajadores do último quarto de século. Obviamente, isso vale apenas para as classes mercantis, não para as industriais. Contudo, no início do ano, por certo havia razões para se concluir o contrário. As reservas de produtos eram escassas, sobrava capital, os gêneros alimentícios estavam baratos, tinha-se a certeza de uma boa colheita; reinava uma paz ininterrupta no continente e não havia nenhuma perturbação política ou financeira no país. Com efeito, nunca as asas do comércio estiveram tão livres... A quem atribuir esse resultado desfavorável? Acreditamos que deva ser atribuído ao *comércio excessivo*, tanto nas importações como nas exportações. Se nossos negociantes não impuserem por conta própria limites mais restritos à sua atividade, nada poderá manter-nos nos trilhos, a não ser um ataque de pânico a cada três anos.

Imaginemos agora como o burguês francês, em meio a esse pânico comercial, com seu cérebro tão doente quanto seu comércio, é torturado, turbilhonado e atordoado por rumores sobre golpes de Estado e restauração do sufrágio universal; pela luta entre Parlamento e Poder Executivo; pela guerra de Fronda dos orleanistas e legitimistas; pelas conspirações comunistas no sul da França; pelas supostas *jacqueries*[138] nos departamentos de Nièvre e Cher; pelas propagandas dos diferentes candidatos à presidência; pelas soluções chamativas dos jornais; pelas ameaças dos republicanos de querer defender a Constituição e o sufrágio universal empunhando armas; pelos Evangelhos dos heróis emigrados *in partibus*, que anunciavam o fim do mundo para o segundo [domingo do mês] de maio de 1852. Pensando em tudo isso, entenderemos por que, nessa confusão indescritível e ensurdecedora de fusão, revisão, prorrogação, Constituição, conspiração, coalizão, emigração, usurpação e revolução, o burguês bufa enfurecido à sua república parlamentar: "Melhor um fim com susto do que um susto sem fim!".

---

138. Revoltas camponesas. A designação deriva da expressão francesa "Jacques Bonhomme" [joão-ninguém], desde a Idade Média usada pejorativamente pelos cidadãos urbanos para se referir aos camponeses. (N.T.)

Bonaparte compreendeu esse grito. Sua capacidade de compreensão foi aguçada pelo furor crescente dos credores, que a cada ocaso que aproximava o dia do vencimento, o segundo [domingo do mês] de maio de 1852, viam um protesto do movimento dos astros contra suas letras de câmbio terrestres. Tinham se tornado verdadeiros astrólogos. A Assembleia Nacional havia tirado de Bonaparte a esperança de uma prorrogação constitucional de seu poder; a candidatura do príncipe de Joinville não permitia que se hesitasse por mais tempo. Se algum dia um evento projetou uma sombra muito antes de ocorrer, foi o golpe de Estado de Bonaparte. Já em 29 de janeiro de 1849, pouco menos de um mês após sua eleição, ele o propusera a Changarnier. No verão de 1849, seu próprio primeiro-ministro, Odilon Barrot, denunciara a portas fechadas a política de golpe de Estado; Thiers o fizera abertamente no inverno de 1850. Em maio de 1851, Persigny ainda tentara ganhar Changarnier para o *coup*, e o *Messager de l'Assemblée* publicara essa negociação. A cada tempestade parlamentar, os jornais bonapartistas ameaçavam com um golpe de Estado, e, quanto mais a crise se aproximava, mais alto era seu tom. Nas orgias que Bonaparte celebrava todas as noites com o *swell mob*[139] masculino e feminino, sempre que se aproximava a meia-noite e copiosas libações soltavam as línguas e aqueciam a imaginação, o golpe de Estado era decidido para a manhã seguinte. As espadas eram desembainhadas, as taças tilintavam, os representantes eram arremessados pela janela, e o manto imperial caía sobre os ombros de Bonaparte, até que a manhã seguinte afugentava o fantasma e a espantada Paris ficava sabendo por vestais pouco reservadas e paladinos indiscretos do perigo do qual mais uma vez tinha escapado. Nos meses de setembro e outubro, os rumores sobre um *coup d'État* seguiram-se com mais rapidez. Ao mesmo tempo, a sombra adquiria cores, como um daguerreótipo colorido. Basta folhear os jornais da imprensa europeia dos meses de setembro e outubro para encontrar, literalmente, alusões como a seguinte: "Paris está repleta de rumores sobre um golpe de Estado. A capital deverá ser ocupada por tropas durante a noite, e na manhã seguinte deverão ser publicados decretos que dissolverão a Assembleia Nacional, colocarão o departamento do Sena em estado de sítio, restabelecerão o sufrágio universal e farão apelo ao povo. Bonaparte estaria à procura de ministros para a execução desses decretos ilegais". As correspondências trazidas por essas notícias sempre terminam com

---

139. Ladrões e trapaceiros bem-vestidos, que não deixam transparecer sua real condição. (N.T.)

um termo fatal: "postergado". O golpe de Estado sempre foi a ideia fixa de Bonaparte. Com ela, tornou a pisar em território francês. Era a tal ponto possuído por essa ideia que a traía e a divulgava continuamente. Era tão fraco que também renunciava a ela com frequência. A sombra do golpe de Estado tinha se tornado tão familiar aos parisienses como fantasma que eles não quiseram acreditar nela quando finalmente apareceu em carne e osso. Portanto, o que permitiu que o golpe de Estado tivesse êxito não foi o comportamento reservado do chefe da Sociedade de 10 de dezembro nem uma surpresa que pegasse a Assembleia Nacional desprevenida. Se ele teve êxito, foi apesar da indiscrição *do primeiro* e do conhecimento prévio *da segunda*, um resultado necessário e inevitável da evolução anterior.

Em 10 de outubro, Bonaparte anunciou a seus ministros a decisão de restaurar o sufrágio universal. No dia 16, eles pediram demissão. No dia 26, Paris soube da formação do ministério de Thorigny.[140] Ao mesmo tempo, o chefe de polícia Carlier foi substituído por Maupas,[141] e Magnan, chefe da primeira divisão militar, concentrou na capital os regimentos mais confiáveis. Em 4 de novembro, a Assembleia Nacional retomou as sessões. Nada mais lhe restava fazer a não ser repetir, em uma recapitulação breve e sucinta, o curso pelo qual já havia passado e provar que só fora enterrada depois de morta.

O primeiro posto que perdera na luta contra o Poder Executivo foi o ministério. Teve de reconhecer solenemente essa perda aceitando sem ressalvas o ministério de Thorigny, um mero ministério de aparências. A comissão permanente recebera com risadas o senhor Giraud[142] quando ele se apresentou em nome do novo ministro. Um ministério tão fraco para medidas tão fortes como o restabelecimento do sufrágio universal! Mas se tratava justamente de não fazer nada *no* Parlamento, e sim tudo *contra* o Parlamento.

Logo no primeiro dia de sua reabertura, a Assembleia Nacional recebeu a mensagem de Bonaparte; ele exigia o restabelecimento do

---

140. Pierre François Elisabeth de Thorigny (1798-1869): advogado francês. Em 1834, conduziu a investigação judicial referente às insurreições em Lyon. Bonapartista, apoiou o golpe de Estado e, logo em seguida, tornou-se ministro do Interior. (N.T.)

141. Charlemagne Émile de Maupas (1818-1888): político francês. Como chefe de polícia no lugar de Carlier, ajudou a organizar o golpe de Estado de 2 de dezembro de 1851. Em seguida, foi ministro da Polícia de 1852 a 1853. (N.T.)

142. Charles Joseph Barthélémy Giraud (1802-1881): jurista francês, membro da Academia de Ciências Morais e Políticas. Foi duas vezes ministro da Instrução Pública em 1851. (N.T.)

sufrágio universal e a revogação da lei de 31 de maio de 1850. No mesmo dia, seus ministros apresentaram um decreto nesse sentido. Em 13 de novembro, por 355 votos a 348, a Assembleia rejeitou imediatamente a moção de urgência dos ministros e a própria lei. Desse modo, mais uma vez rasgava seu mandato; mais uma vez confirmava que se havia transformado, de representante livremente eleita pelo povo, no poder usurpador de uma classe; mais uma vez reconhecia ter, ela própria, cortado em duas partes os músculos que uniam a cabeça parlamentar ao corpo da nação.

Se com sua proposta de restaurar o sufrágio universal o Poder Executivo apelava da Assembleia Nacional ao povo, com seu projeto de lei dos questores o Poder Legislativo apelava do povo ao Exército. Esse projeto de lei dos questores deveria estabelecer seu direito à requisição imediata das tropas e à formação de um exército parlamentar. Desse modo, ao designar o Exército como árbitro entre ele próprio e o povo, entre ele próprio e Bonaparte, e ao reconhecer o Exército como o poder decisivo do Estado, por outro lado, o Poder Legislativo era obrigado a confirmar que, havia muito tempo, renunciara à pretensão de dominar o Exército. Ao debater o direito de requisitar as tropas, em vez de requisitá-las de imediato, traía sua falta de confiança em seu próprio poder. Ao rejeitar o projeto de lei dos questores, assumia abertamente sua própria impotência. Esse projeto de lei fracassou com uma minoria de 108 votos; portanto, a Montagne decidira a votação. Encontrava-se na situação do asno de Buridan,[143] mas não entre dois sacos de feno, tendo de decidir qual seria o mais atraente, e sim entre duas surras, tendo de decidir qual seria a mais dura. De um lado, o medo de Changarnier; de outro, o medo de Bonaparte. Há que admitir que a situação nada tinha de heroica.

Em 18 de novembro, foi proposta uma emenda à lei sobre as eleições municipais, apresentada pelo partido da ordem. Segundo essa emenda, em vez de três anos de domicílio, apenas um deveria bastar para os eleitores municipais. A emenda fracassou por um único voto, mas esse voto logo se mostrou um erro. Dividindo-se em frações hostis, fazia tempo que o partido da ordem tinha perdido sua maioria parlamentar indepen-

---

143. Referência ao paradoxo filosófico sobre o conceito de livre-arbítrio. Colocado entre dois feixes iguais de feno, o asno morreria de fome antes de decidir qual dos dois comeria, pois não seria capaz de fazer uma escolha racional. Esse paradoxo recebe tal nome devido a Jean Buridan, filósofo francês do século XIV. Embora o exemplo do asno não se encontre em sua obra, Buridan discute suas premissas. (N.T.)

dente. Nesse momento, mostrava que já não existia nenhuma maioria no Parlamento. A Assembleia Nacional tinha se tornado *incapaz de tomar decisões*. Seus componentes atômicos já não eram reunidos por nenhuma força de coesão; ela dera o último suspiro, estava morta.

Por fim, a massa extraparlamentar da burguesia deveria mais uma vez confirmar solenemente, alguns dias antes da catástrofe, seu rompimento com a burguesia no Parlamento. Como herói parlamentar, Thiers, afetado mais do que os outros pela doença incurável do cretinismo parlamentar, após a morte do Parlamento tramara uma nova intriga parlamentar com o Conselho de Estado, uma lei de responsabilidade, que restringiria o presidente aos limites da Constituição. Assim como em 15 de setembro, por ocasião da inauguração do novo mercado de Paris, Bonaparte encantara as *dames des halles* [mulheres do mercado], as vendedoras de peixes, tal como um segundo Masaniello[144] – e com toda a certeza uma vendedora de peixes valia mais, como poder real, do que dezessete burgraves –; assim como, após a apresentação do projeto de lei dos questores, ele entusiasmara os tenentes que recepcionara no Eliseu, agora, em 25 de novembro, arrastava consigo a burguesia industrial, que se reunira no circo para receber das mãos dele as medalhas pela Exposição Industrial em Londres. Reproduzo aqui a parte característica de seu discurso, extraída do *Journal des Débats*:

> Com êxitos tão inesperados, estou autorizado a repetir quão grande seria a República Francesa se lhe fosse permitido perseguir seus reais interesses e reformar suas instituições, em vez de ser sempre importunada, por um lado, pelos demagogos e, por outro, pelas alucinações monarquistas. (Aplausos estrepitosos, entusiasmados e reiterados, vindos de todas as partes do anfiteatro.) As alucinações monarquistas impedem todo progresso e todos os ramos sérios da indústria. Em vez do progresso, apenas luta. Veem-se homens, que antes eram as bases de sustentação mais zelosas da autoridade e das prerrogativas régias, tornar-se partidários de uma Convenção unicamente com o intuito de enfraquecer a autoridade surgida do sufrágio universal. (Aplausos estrepitosos e reiterados.) Vemos os homens que mais sofreram com a revolução e que mais a deploraram provocar uma nova, e apenas para acorrentar a vontade da nação... Prometo-vos tranquilidade para o futuro etc. etc. (*Bravo! Bravo!* Estrepitosas exclamações de *bravo!*).

---

144. Nome pelo qual é conhecido Tomaso Aniello (1623-1647), pescador napolitano que em 1647 liderou a insurreição popular contra os altos impostos cobrados pelos espanhóis. (N.T.)

Desse modo, com servis exclamações de "Bravo!", a burguesia industrial aplaude o golpe de Estado de 2 de dezembro, a aniquilação do Parlamento, o fim de seu próprio domínio e a ditadura de Bonaparte. A trovoada de aplausos de 25 de novembro recebeu sua resposta na trovoada de tiros de canhão de 4 de dezembro, e a casa do senhor Sallandrouze,[145] que aplaudira com maior entusiasmo, foi a mais destruída pelas bombas.

Ao dissolver o Longo Parlamento, Cromwell[146] dirigiu-se sozinho a seu centro, tirou o relógio do bolso, para que o Parlamento não subsistisse nenhum minuto a mais do que o prazo por ele estabelecido, e expulsou cada um de seus membros com insultos alegremente humorísticos. Napoleão, menor do que seu modelo, ao menos no 18 de brumário dirigiu-se ao Corpo Legislativo e, com voz embargada, fez-lhe a leitura de sua sentença de morte. O segundo Bonaparte, que, de resto, encontrava-se de posse de um Poder Executivo bem diferente daquele de Cromwell ou de Napoleão, procurou seu modelo não nos anais da história universal, e sim nos da Sociedade de 10 de dezembro, nos da jurisdição criminal. Roubou 25 milhões de francos do Banco da França, comprou o general Magnan por 1 milhão, cada soldado por 15 francos e com aguardente; como um ladrão, encontrou-se clandestinamente com seus cúmplices à noite; mandou invadir as casas dos líderes parlamentares mais perigosos e arrancou da cama Cavaignac, Lamoricière, Leflô, Changarnier, Charras, Thiers, Baze etc.; ocupou as principais praças de Paris e o edifício do Parlamento com tropas e, cedo pela manhã, afixou em todos os muros cartazes chamativos, nos quais se anunciavam a dissolução da Assembleia Nacional e do Conselho de Estado, o restabelecimento do sufrágio universal e a colocação do departamento do Sena em estado de sítio. Pouco depois, inseriu em *Le Moniteur* um documento falso, segundo o qual nomes influentes do Parlamento se haviam reunido em torno dele e formado um Conselho de Estado.

---

145. Charles Jean Sallandrouze de Lamornaix (1808-1867): industrial francês, foi deputado de direita na Assembleia Constituinte; apoiou o golpe de Estado de 2 de dezembro de 1851. Marx se refere aqui ao episódio ocorrido em 4 de dezembro de 1851, em que tropas do governo reprimiram uma insurreição republicana contra o golpe. Muitos cidadãos foram mortos justamente diante da casa de Sallandrouze, que também foi atingida pelos tiros de canhão. (N.T.)

146. Oliver Cromwell (1599-1658): militar e político inglês que, em 1653, dissolveu o Longo Parlamento, assim chamado por ter durado treze anos, em oposição ao Curto Parlamento, que durou menos de um mês. Apoiado pelo Exército, e sob o título de Lorde Protetor, Cromwell se tornou ditador vitalício e hereditário da Inglaterra, da Escócia e da Irlanda. (N.T.)

O restante do Parlamento, reunido na sede da *mairie* [prefeitura] do 10º *arrondissement* e composto, sobretudo, de legitimistas e orleanistas, decide-se pela destituição de Bonaparte em meio a repetidos gritos de "Viva a República!"; arenga em vão para a massa embasbacada diante do edifício e, por fim, sob a escolta de atiradores de elite africanos, é arrastado primeiro para a caserna de Orsay; mais tarde, é amontoado em camburões e transportado às prisões de Mazas, Ham e Vincennes. Assim terminam o partido da ordem, a Assembleia Legislativa e a Revolução de Fevereiro. Antes de passarmos rapidamente à conclusão, segue um breve esquema de sua história:

I. *Primeiro período*. De 24 de fevereiro a 4 de março de 1848. Período de fevereiro. Prólogo. Imbróglio geral de confraternização.

II. *Segundo período*. Período da constituição da República e da Assembleia Nacional Constituinte.

1) 4 de maio a 25 de junho de 1848. Luta de todas as classes contra o proletariado. Derrota do proletariado nas Jornadas de Junho.

2) 25 de junho a 10 de dezembro de 1848. Ditadura dos republicanos burgueses puros. Elaboração da Constituição. Declaração do estado de sítio em Paris. Em 10 de dezembro, a ditadura burguesa é afastada com a eleição de Bonaparte para presidente.

3) 20 de dezembro de 1848 a 28 de maio de 1849. Luta da Constituinte contra Bonaparte e o partido da ordem a ele aliado. Fim da Constituinte. Queda da burguesia republicana.

I. *Terceiro período*. Período da *república constitucional* e da *Assembleia Nacional Legislativa*.

1) 28 de maio de 1849 a 13 de junho de 1849. Luta dos pequeno-burgueses contra a burguesia e Bonaparte. Derrota da democracia pequeno-burguesa.

2) 13 de junho de 1849 a 31 de maio de 1850. Ditadura parlamentar do partido da ordem. O partido completa seu domínio com a abolição do sufrágio universal, mas perde o ministério parlamentar.

3) 31 de maio de 1850 a 2 de dezembro de 1851. Luta entre a burguesia parlamentar e Bonaparte.

a) 31 de maio de 1850 a 12 de janeiro de 1851. O Parlamento perde o comando supremo do Exército.

b) 12 de janeiro a 11 de abril de 1851. O Parlamento fracassa em suas tentativas de tomar novamente o poder administrativo. O partido da ordem perde a maioria parlamentar independente. Forma uma coalizão com os republicanos e a Montagne.

c) 11 de abril de 1851 a 9 de outubro de 1851. Tentativas de revisão, fusão e prorrogação. O partido da ordem dissolve-se em seus componentes individuais. O rompimento do Parlamento burguês e da imprensa burguesa com a massa da burguesia se consolida.

d) 9 de outubro a 2 de dezembro de 1851. Rompimento manifesto entre o Parlamento e o Poder Executivo. O Parlamento assina seu atestado de óbito e sucumbe, abandonado pela própria classe, pelo Exército e por todas as outras classes. Fim do regime parlamentar e do domínio da burguesia. Vitória de Bonaparte. Paródia da Restauração imperial.

VII

A *república social* apareceu como palavrório, como profecia no limiar da Revolução de Fevereiro. Nas Jornadas de Junho de 1848, foi sufocada no sangue do *proletariado parisiense*, mas rondou como espectro os atos sucessivos do drama. A *república democrática* se anunciava. Desapareceu em 13 de junho de 1849 com seus *pequeno-burgueses* em debandada, porém, na fuga, espalhou publicidade duplamente fanfarrona. Junto com a burguesia, a *república parlamentar* apoderou-se de todo o palco; goza de toda a plenitude de sua existência, mas o dia 2 de dezembro de 1851 a enterrou sob o grito angustiado dos monarquistas coligados: "Viva a República!".

A burguesia francesa ergueu-se contra o domínio do proletariado operário; levou ao poder o lumpemproletariado, liderado pelo chefe da Sociedade de 10 de dezembro. A burguesia manteve a França sem fôlego, com medo dos futuros horrores da anarquia vermelha; Bonaparte descontou esse futuro para ela em 4 de dezembro, quando mandou o embriagado Exército da ordem disparar contra as janelas dos distintos burgueses do *boulevard* Montmartre e do *boulevard* des Italiens. A burguesia fez a apoteose do sabre; o sabre a domina. Ela destruiu a imprensa revolucionária; sua própria imprensa é destruída. Colocou as assembleias populares sob vigilância policial; seus salões estão sob vigilância policial. Dissolveu as guardas nacionais democráticas; sua própria Guarda Nacional é dissolvida. Declarou o estado de sítio; o estado de sítio é declarado contra ela. Suplantou os júris com comissões militares; seus júris são suplantados por comissões militares. Submeteu a educação do povo aos padres; os padres submetem-na à sua própria educação. Deportou sem julgamento; é deportada sem julgamento. Reprimiu com o poder do Estado todo movimento social; todo movimento de sua sociedade é reprimido com o poder do Estado. Entusiasmada com sua carteira, rebelou-se contra seus próprios políticos e literatos; seus políticos e literatos são afastados, mas sua carteira é pilhada, depois que sua boca é amordaçada e sua pena, quebrada. A burguesia não se cansou de gritar para a revolução, tal como Santo

98

Arsênio[147] gritara para os cristãos: "*Fuge, tace, quisce!* Foge, cala, mantém a calma!*". Bonaparte grita para a burguesia: "*Fuge, tace, quisce! Foge, cala, mantém a calma!*".

Fazia muito tempo que a burguesia francesa resolvera o dilema de Napoleão: "Dans cinquante ans l'Europe sera républicaine ou cosaque" [Em cinquenta anos, a Europa será republicana ou cossaca]. Resolvera-o com a "république cosaque" [república cossaca]. Não foi nenhuma Circe[148] a desfigurar a obra de arte da república burguesa, lançando um malefício para torná-la um monstro. Essa república nada perdeu além da aparência da respeitabilidade. A França atual já estava inteiramente contida na república parlamentar. Bastava um golpe de baioneta para que se estourasse a bolha e o monstro saltasse aos olhos de todos.

Por que o proletariado parisiense não se insurgiu após 2 de dezembro? A queda da burguesia tinha acabado de ser decretada, o decreto ainda não havia sido cumprido. Toda rebelião séria do proletariado logo a teria reanimado, reconciliado com o Exército e garantido aos operários uma segunda derrota de junho.

Em 4 de dezembro, o proletariado foi incitado por *bourgeois* e épiciers [merceeiros] a lutar. Ao final desse dia, várias legiões da Guarda Nacional prometeram aparecer armadas e uniformizadas no campo de batalha. Com efeito, *bourgeois* e épiciers descobriram que, em um de seus decretos de 2 de dezembro, Bonaparte abolia o voto secreto e lhes ordenava escrever nos registros oficiais "sim" ou "não" ao lado de seu nome. A resistência de 4 de dezembro intimidou Bonaparte. Durante a noite, ele mandou afixar em todas as esquinas de Paris cartazes que anunciavam o restabelecimento do voto secreto. *Bourgeois* e épiciers acreditaram que tinham alcançado seu objetivo. Na manhã seguinte, foram os épiciers e os *bourgeois* que não apareceram.

Com o golpe de Estado de Bonaparte durante a noite de 1º para 2 de dezembro, o proletariado parisiense fora espoliado de seus líderes, dos chefes das barricadas. Um exército sem oficiais, avesso a lutar sob a bandeira dos Montagnards, em razão das reminiscências de junho de 1848 e 1849 e de maio de 1850, deixou à sua vanguarda, às sociedades secretas, a tarefa de salvar a honra insurrecional de Paris, honra

---

147. Santo Arsênio (350-445): diácono romano, pertencente a uma família nobre, foi preceptor dos filhos do imperador bizantino Teodósio I. Retirou-se como anacoreta no deserto da Tebaida, no Egito. (N.T.)
148. Feiticeira da mitologia grega que, na Odisseia, transformou os companheiros de Ulisses em animais. (N.T.)

essa que a burguesia abandonou com tanta facilidade à soldadesca que, posteriormente, Bonaparte pôde desarmar a Guarda Nacional com o sarcástico pretexto de temer que suas armas fossem usadas pelos anarquistas contra ela! "C'est le triomphe complet et définitif du socialisme!" [É o triunfo completo e definitivo do socialismo!] Assim Guizot caracterizou o dia 2 de dezembro. No entanto, se a queda da república parlamentar contém em si o germe do triunfo da revolução proletária, seu resultado imediato e evidente foi *a vitória de Bonaparte sobre o Parlamento, do Poder Executivo sobre o Poder Legislativo, da força sem palavrório sobre a força do palavrório.* No Parlamento, a nação alçou sua vontade geral a lei, ou seja, alçou a lei da classe dominante à sua vontade geral. Diante do Poder Executivo, ela renuncia a toda vontade própria e se submete às ordens de um estranho, da autoridade. Ao contrário do Legislativo, o Poder Executivo exprime a heteronomia da nação em oposição à sua autonomia. Portanto, a França parece ter escapado ao despotismo de uma classe apenas para recair sob o despotismo de um indivíduo, e precisamente sob a autoridade de um indivíduo sem autoridade. A luta parece apaziguada de tal modo que todas as classes, igualmente impotentes e igualmente mudas, ajoelham-se diante da coronha das armas.

Contudo, a revolução é profunda. Ainda está atravessando o purgatório. Realiza seu trabalho com método. Até 2 de dezembro de 1851, cumprira metade de sua preparação, agora cumpre a outra metade. Primeiro concluiu o poder parlamentar, para poder derrubá-lo. Agora que conseguiu, conclui o *Poder Executivo*, reduzindo-o à sua mais pura expressão, isolando-o, colocando-o diante de si como único argumento, a fim de concentrar todas as suas forças destrutivas contra ele. E, quando a revolução tiver terminado essa segunda metade de seu trabalho preliminar, a Europa saltará de seu assento e exultará: "Bem escavado, velha toupeira!".[149]

Esse Poder Executivo, com sua gigantesca organização burocrática e militar, com seu aparato estatal extenso e artificial, um exército de meio milhão de funcionários ao lado de outro exército de meio milhão, esse terrível corpo parasitário, que envolve como uma retina o corpo da sociedade francesa e obstrui todos os seus poros, surgiu no período da monarquia absoluta, com a queda do feudalismo, que ele ajudou a acelerar. Os privilégios senhoriais dos proprietários de

---

149. Alusão a um trecho de *Hamlet* (Shakespeare), ato I, cena 5: "Well said, old mole!" [Disse bem, velha toupeira!]. (N.T.)

terras e das cidades transformaram-se em outros tantos atributos do poder do Estado, os dignitários feudais transformaram-se em funcionários pagos, e a variegada paleta dos contraditórios plenos poderes medievais transformou-se em um plano bem regulado de um poder do Estado, cujo trabalho é subdividido e centralizado como em uma fábrica. A primeira Revolução Francesa, cuja missão era romper todos os poderes especiais locais, territoriais, municipais e provinciais, a fim de criar a unidade civil da nação, teve de desenvolver o que a monarquia absoluta havia iniciado: a centralização, mas, ao mesmo tempo, a abrangência, os atributos e os executores do poder governamental. Napoleão levou a cabo esse aparato estatal. A monarquia legítima e a Monarquia de Julho nada acrescentaram além de uma divisão maior do trabalho, que crescia na mesma proporção em que a divisão do trabalho dentro da sociedade burguesa criava novos grupos de interesse, portanto, novo material para a administração do Estado. Todo interesse *comum* foi imediatamente separado da sociedade e contraposto a ela como interesse superior e *geral*, arrancado da iniciativa individual dos membros da sociedade e transformado em objeto da atividade do governo – desde as pontes, os edifícios escolares e o patrimônio comunal de um vilarejo até as ferrovias, o patrimônio nacional e a Universidade da França. Em sua luta contra a revolução, finalmente a república parlamentar viu-se obrigada a reforçar os meios e a centralização do poder governamental usando de medidas repressivas. Todas as revoluções aperfeiçoaram a máquina em vez de quebrá-la. Os partidos, que lutaram alternadamente pelo domínio, consideraram a posse desse enorme edifício estatal o principal espólio do vencedor.

Entretanto, sob a monarquia absoluta, durante a primeira revolução, e sob Napoleão, a burocracia era apenas o meio para preparar o domínio de classe da burguesia. Sob a Restauração, sob Luís Filipe e sob a república parlamentar, ela era o instrumento da classe dominante, por mais que também se esforçasse para se tornar um poder autônomo.

Somente sob o segundo Bonaparte é que o Estado parece ter-se tornado completamente independente. O aparato estatal consolidou-se de tal maneira em relação à sociedade civil que a ele basta ter como liderança o chefe da Sociedade de 10 de dezembro, um aventureiro vindo de fora, alçado a comandante por uma soldadesca embriagada, que ele comprou com aguardente e linguiças, e à qual sempre deve lançar mais linguiças. Eis a razão para o desespero acanhado, o sentimento de imensa humilhação e degradação que oprime o peito da França e a faz arfar. Ela se sente como desonrada.

No entanto, o poder estatal não paira no ar. Bonaparte representa uma classe, a saber, a mais numerosa da sociedade francesa, os *camponeses minifundiários*.

Assim como os Bourbon foram a dinastia da grande propriedade fundiária, e os Orleans foram a dinastia do dinheiro, os Bonaparte são a dinastia dos camponeses, ou seja, da massa popular francesa. O eleito pelos camponeses não é o Bonaparte que se submeteu ao Parlamento burguês, e sim aquele que o dissolveu. Por três anos, as cidades conseguiram falsificar o sentido da eleição de 10 de dezembro e defraudar os camponeses da restauração do Império. A eleição de 10 de dezembro de 1848 só se concluiu com o *coup d'État* de 2 de dezembro de 1851.

Os camponeses minifundiários formam uma massa gigantesca, cujos membros vivem na mesma situação, mas sem entrar em uma relação variada uns com os outros. Seu modo de produção os isola uns dos outros, em vez de colocá-los em contato. O isolamento é promovido pelos meios ruins de comunicação da França e pela pobreza dos camponeses. Seu campo de produção, o minifúndio, não permite nenhuma divisão do trabalho em seu cultivo, nenhuma aplicação da ciência, portanto, nenhuma variedade do desenvolvimento, nenhuma diversidade de talentos, nenhuma riqueza de relações sociais. Cada família camponesa é quase autossuficiente, produz diretamente até mesmo a maior parte de seu consumo e, assim, ganha seus meios de subsistência mais na troca com a natureza do que no contato com a sociedade. O minifúndio, o camponês e a família; ao lado, outro minifúndio, outro camponês e outra família. Um punhado deles faz um vilarejo, e um punhado de vilarejos faz um departamento. Assim, a grande massa da nação francesa é formada pela simples soma de grandezas de mesmo nome, mais ou menos do mesmo modo como as batatas dentro de um saco formam um saco de batatas. À medida que milhões de famílias vivem em condições econômicas de existência que separam seu modo de vida, seus interesses e sua formação daqueles das outras classes e as contrapõem de maneira hostil, elas formam uma classe. À medida que entre os camponeses minifundiários existe apenas um vínculo local e que a identidade de seus interesses não cria nenhuma comunidade, nenhuma união nacional e nenhuma organização política entre eles, eles não formam uma classe. Portanto, são incapazes de fazer valer seus interesses de classe em seu próprio nome, seja por meio de um parlamento, seja por meio de uma convenção. Não podem representar a si mesmos; precisam ser representados. Seu representante tem de aparecer, ao mesmo tempo, como seu senhor, como uma autoridade acima deles, como um poder governamental ilimitado, que os protege das outras classes e lhes envia de cima a chuva e os raios de sol. Destarte, a influência política dos camponeses minifundiários encontra sua última expressão no fato de que o Poder Executivo submete a sociedade a si mesmo.

A tradição histórica fez surgir entre os camponeses franceses a crença milagrosa de que um homem chamado Napoleão lhes traria de volta toda a glória. E houve um indivíduo que se fez passar por esse homem, pois traz o nome de Napoleão, em consequência do *Code Napoléon* [Código napoleônico], que determina: "La recherche de la paternité est interdite" [É proibido investigar a paternidade]. Após vinte anos de vadiagem e uma série de aventuras grotescas, cumpre-se a lenda, e o homem torna-se imperador dos franceses. A ideia fixa do sobrinho se realizou, pois coincidia com a ideia fixa da classe mais numerosa dos franceses.

No entanto, haverão de objetar-me, e as rebeliões camponesas em metade da França? E a caçada do Exército aos camponeses, seu encarceramento e sua deportação em massa?[150]

Desde Luís XIV, a França não vivia uma perseguição semelhante aos camponeses "devido a intrigas demagógicas".[151]

Porém, que fique bem claro. A dinastia Bonaparte representa não os camponeses revolucionários, mas aqueles conservadores; não os camponeses que querem libertar-se de sua condição social de existência, de seu minifúndio, mas os que querem, ao contrário, consolidá-lo; não a população rural, que quer derrubar a velha ordem usando a própria energia em estreita colaboração com as cidades, mas a que, inversamente, confinada nessa velha ordem, quer ver a si própria e seu minifúndio salvos e favorecidos pelo fantasma do império. Essa dinastia Bonaparte não representa o esclarecimento, mas a crença supersticiosa dos camponeses; não seu juízo, mas seu preconceito; não seu futuro, mas seu passado; não suas modernas Cevenas, mas sua moderna Vendeia.[152]

---

150. Referência às revoltas camponesas ocorridas na França após o golpe de Estado. Dessas rebeliões participaram não apenas camponeses, mas também comerciantes e intelectuais em aproximadamente vinte departamentos no sudoeste, sudeste e centro do país. Por falta de organização dos insurgentes, o Exército conseguiu reprimi-los com rapidez e violência. Muitos foram presos e deportados para a Argélia e Caiena. (N.T.)

151. Alusão aos chamados "demagogos" na Alemanha dos anos 1820 e 1830, ou seja, aos intelectuais dos movimentos liberais e democráticos de oposição. (N.T.)

152. Cevenas (em francês, Cévennes): cadeia montanhosa no centro-sul da França, palco de uma rebelião camponesa no início do século XVIII, conhecida como Insurreição dos

O duro domínio da república parlamentar ao longo de três anos libertou parte dos camponeses franceses da ilusão napoleônica e os revolucionara, ainda que de maneira superficial; no entanto, a burguesia os repelia com violência sempre que eles se colocavam em movimento. Sob a república parlamentar, a consciência moderna dos camponeses franceses entrou em conflito com sua consciência tradicional. O processo se desenvolveu na forma de uma luta incessante entre os mestres escolares e os padres. A burguesia derrotou os mestres escolares. Pela primeira vez, os camponeses se esforçaram para ter um comportamento independente perante a atividade do governo. Isso se mostrou no conflito contínuo dos *maires* com os governadores dos departamentos. A burguesia destituiu os *maires*. Por fim, durante o período da república parlamentar, os camponeses de diversas localidades se insurgiram contra sua própria criatura, o Exército. A burguesia os puniu com estados de sítio e penhoras. E agora a mesma burguesia grita contra a estupidez das massas, da *vile multitude* [vil multidão] que a traíra em favor de Bonaparte. Ela própria reforçou com violência o imperialismo da classe camponesa e manteve as condições que formaram os locais de nascimento dessa religião camponesa. É bem verdade que a burguesia é obrigada a temer a estupidez das massas, enquanto permanecerem conservadoras, e a inteligências das massas, assim que se tornarem revolucionárias.

Nas rebeliões após o *coup d'État*, parte dos camponeses franceses protestou com armas em punho contra seu próprio voto de 10 de dezembro de 1848. A escola que passaram a frequentar a partir de 1848 os deixara mais astutos. Entretanto, consagraram-se ao submundo da história, e esta os levou a sério. A maioria deles estava tão iludida que justamente nos departamentos mais vermelhos a população camponesa votou abertamente a favor de Bonaparte. Para eles, a Assembleia Nacional o havia impedido de prosseguir. Nesse momento, ele rompera os grilhões que as cidades haviam imposto à vontade do campo. Em alguns lugares, chegavam a ter a grotesca ideia de estabelecer uma convenção ao lado de um Napoleão.

Depois que a primeira revolução transformara os camponeses semisservis em livres proprietários de terra, Napoleão consolidou e regulou

---

Camisards, provocada inicialmente pela perseguição aos protestantes, mas que acabou assumindo um caráter antifeudal.
Vendeia (em francês, Vendée): departamento francês, localizado na região do Pays de la Loire, na baía de Biscaia. Em 1793, eclodiu na região uma insurreição dos camponeses contra o governo revolucionário. (N.T.)

as condições que lhes permitiriam explorar tranquilamente o solo da França, que acabara de ser-lhes destinado, e saciar seu entusiasmo juvenil pela propriedade. Porém, o que está arruinando o camponês francês no momento é seu próprio minifúndio, a divisão da terra e do solo, a forma de propriedade que Napoleão consolidou na França. Foram justamente as condições materiais que fizeram do camponês feudal francês o camponês minifundiário, e de Napoleão o imperador. Duas gerações bastaram para produzir o inevitável resultado: piora progressiva da agricultura, endividamento progressivo do agricultor. A forma de propriedade "napoleônica", que no início do século XIX era a condição para a libertação e o enriquecimento da população rural francesa, tornou-se, ao longo desse século, a lei de sua escravidão e de seu empobrecimento. E justamente essa lei é a primeira das "idées napoléoniennes" que o segundo Bonaparte deve defender. Se ele ainda partilha com os camponeses a ilusão de que se deve buscar a causa de sua ruína não na propriedade minifundiária em si, mas fora dela, na influência de circunstâncias secundárias, seus experimentos estourarão como bolhas de sabão ao entrar em contato com as relações de produção.

O desenvolvimento econômico da pequena propriedade inverteu radicalmente a relação dos camponeses com as outras classes sociais. Sob Napoleão, o fracionamento da propriedade e do solo complementou no campo a livre concorrência, e nas cidades, a grande indústria incipiente. A classe camponesa era um protesto onipresente contra a aristocracia fundiária que acabava de ser derrubada. As raízes que a pequena propriedade havia lançado no solo francês tiravam todos os nutrientes do feudalismo. Suas demarcações formavam a fortificação natural da burguesia contra todo ataque repentino de seus antigos senhores. No entanto, ao longo do século XIX, o usurário urbano substituiu aquele feudal, o capital burguês substituiu aquele da propriedade aristocrática. O minifúndio do camponês é apenas o pretexto que permite ao capitalista extrair lucro, juro e renda do campo, deixando ao agricultor a preocupação de ver como dele pode extrair seu salário. A dívida hipotecária que pesa sobre o solo francês impõe aos camponeses franceses um juro tão alto quanto o juro anual de toda a dívida nacional britânica. O minifúndio, nessa escravidão do capital para a qual seu desenvolvimento o compele inevitavelmente, transformou a massa da nação francesa em trogloditas. Dezesseis milhões de camponeses (mulheres e crianças incluídas) habitam cavernas, grande parte das quais tem apenas uma abertura, outras apenas duas, e as mais privilegiadas apenas três. As janelas são para uma casa o que os cinco sentidos são para a cabeça. A ordem burguesa, que no começo do século colocou o Estado como sentinela do minifúndio recém-surgido e o adubou com louros, tornou-se o vampiro que suga seu sangue e sua substância branca e os joga no caldeirão de alquimista do capital. O *Code Napoléon* é simplesmente o código da penhora, da subastação e do leilão judicial. Aos quatro milhões (incluídas as crianças etc.) de pobres oficiais, de vagabundos, criminosos e prostitutas que a França conta, acrescentam-se cinco milhões, que pairam à beira do abismo da existência e habitam o próprio campo ou desertam continuamente, com seus farrapos e seus filhos, do campo para as cidades e das cidades para o campo. Por conseguinte, o interesse dos camponeses já não está em sintonia com os interesses da burguesia e com o capital, como nos tempos de Napoleão, mas em oposição a eles. Portanto, encontram seus aliados e líderes naturais no *proletariado urbano*, cuja tarefa é derrubar a ordem burguesa. No entanto, o *governo forte e ilimitado* – e essa é a segunda "idée napoléonienne" que o segundo Napoleão tem de colocar em prática – é chamado a defender pela força essa ordem "material". Essa "ordre matériel" também fornece o mote em todas as proclamações de Bonaparte contra os camponeses insurgentes.

Além da hipoteca que o capital lhe inflige, sobre o minifúndio também pesam os *impostos*. Estes são a fonte de subsistência da burocracia, do Exército, dos padres e da corte, em resumo, de todo o aparato do Poder Executivo. Governo forte e impostos fortes são idênticos. Por sua natureza, a pequena propriedade é adequada para servir de base a uma burocracia onipotente e incontável. Cria um nível uniforme de condições e pessoas em toda a extensão do país. Portanto, também permite a ação uniforme de um centro supremo sobre todos os pontos dessa massa uniforme. Aniquila os estratos aristocráticos intermediários entre a massa do povo e o poder do Estado. Por conseguinte, por toda parte, provoca a intervenção direta desse poder do Estado e a ingerência de seus órgãos diretos. Por fim, produz uma superpopulação desocupada, que não encontra lugar no campo nem nas cidades, e, por isso, busca cargos públicos como uma espécie de esmola respeitável, provocando sua criação. Ao abrir novos mercados a golpes de baioneta e ao pilhar o continente, Napoleão reembolsou os impostos compulsórios com juros. Esses impostos eram um estímulo para a indústria do camponês, mas nesse momento roubavam de sua indústria os últimos recursos, completando sua incapacidade de se defender do pauperismo. E uma enorme burocracia, bem agaloada e bem nutrida, é a "idée napoléonienne" que mais agrada ao segundo Bonaparte. Como não agradaria, posto que ele é obrigado a criar, além das verdadeiras classes da sociedade, uma casta artificial, para a qual a manutenção de seu regime torna-se uma questão de garfo e faca?[153] Por conseguinte, uma de suas primeiras operações financeiras também foi tornar a elevar o salário dos funcionários a seu antigo nível e criar novas sinecuras.

Outra "idée napoléonienne" é o domínio dos *padres* como meio de governo. No entanto, se o recém-surgido minifúndio, em seu acordo com a sociedade, em sua dependência das forças da natureza e em sua submissão à autoridade que o protegia a partir de cima, era naturalmente religioso, o minifúndio arruinado pelas dívidas, em desacordo com a sociedade e a autoridade e expulso de sua própria limitação, torna-se naturalmente irreligioso. O céu era um belo suplemento para o pequeno pedaço de terra recém-adquirido, principalmente por ser ele a determinar as condições climáticas; torna-se um insulto quando querem impingi-lo como substituto do minifúndio. O padre aparece, então, apenas como cão de caça ungido da polícia terrena – outra "idée napoléonienne". Da próxima vez, a expedição contra Roma ocorrerá na própria França, mas no sentido inverso àquele do senhor Montalembert.

Por fim, o ponto culminante das "idées napoléoniennes" é a preponderância do *Exército*. O Exército era o *point d'honneur* [ponto de honra] dos camponeses minifundiários, era eles próprios transformados em heróis, que defendiam a nova propriedade dos que vinham de fora, enalteciam sua nacionalidade recém-conquistada, saqueavam e revolucionavam o mundo. O uniforme era seu próprio traje de Estado; a guerra era sua poesia; o minifúndio, alongado e arredondado na imaginação, era a pátria; e o patriotismo, a forma ideal do sentido de propriedade. No entanto, os inimigos dos quais o camponês francês tem de defender sua propriedade nesse momento não são os cossacos, e sim os *huissiers* [oficiais de Justiça] e os cobradores de impostos. O minifúndio já não se localiza na chamada pátria, e sim no registro das hipotecas. O próprio Exército já não é a flor da juventude camponesa, e sim a flor do pântano do lumpemproletariado camponês. Consiste em grande parte em *remplaçants*, ou seja, substitutos, como o próprio segundo Bonaparte é apenas um *remplaçant*, um substituto de Napoleão. Atualmente, o Exército realiza seus feitos heroicos nas caçadas a camurças e nas perseguições aos camponeses, bem como no serviço de gendarmeria; e, se as

---

153. Alusão às palavras do pastor metodista Joseph Rayner Stephens (1805-1879), que descrevia o cartismo como "a knife and fork, a bread and cheese question" [uma questão de garfo e faca, de pão e queijo]. (N.T.)

contradições internas de seu sistema impelem o chefe da Sociedade de 10 de dezembro para além das fronteiras francesas, após alguns atos de banditismo, o Exército não colherá louros, mas pancadas.

Como se vê, *todas as "idées napoléoniennes" são ideias da pequena propriedade não desenvolvida e ainda na flor da idade*, um paradoxo para a pequena propriedade sobrevivente. São apenas as alucinações de sua agonia, palavras transformadas em frases, espíritos transformados em fantasmas. Contudo, a paródia do imperialismo era necessária para libertar a massa da nação francesa do peso da tradição e desenvolver, em toda a sua pureza, a oposição entre o poder estatal e a sociedade. Com a crescente deterioração da pequena propriedade, desmoronou o edifício do Estado construído sobre ela. A centralização estatal de que precisa a sociedade moderna ergue-se apenas sobre as ruínas do aparato militar e burocrático do governo, forjado em oposição ao feudalismo.

A situação dos camponeses franceses nos revela o enigma das *eleições gerais de 20 e 21 de dezembro*, que conduziram o segundo Bonaparte ao Monte Sinai não para receber leis, e sim para dá-las.[154]

Nesse momento, aparentemente a burguesia não tinha outra escolha a não ser eleger Bonaparte. No Concílio de Constança,[155] quando os puritanos reclamaram da vida dissoluta dos papas e se lamentaram da necessidade de uma reforma dos costumes, o cardeal Pierre d'Ailly[156] esbravejou-lhes: "Apenas o diabo em pessoa pode salvar a Igreja católica, e vocês estão pedindo anjos!". De modo semelhante, a burguesia francesa gritou após o *coup d'État*: "Apenas o chefe da Sociedade de 10 de dezembro pode salvar a sociedade burguesa! Apenas o roubo pode salvar a propriedade, apenas o perjúrio pode salvar a religião, apenas a bastardia pode salvar a família, apenas a desordem pode salvar a ordem!".

Como autoridade do Poder Executivo que se tornou independente, Bonaparte sente que sua missão consiste em assegurar a "ordem burguesa". No entanto, a força dessa ordem burguesa é a classe média. Por

---

154. O autor compara Bonaparte a Moisés, que sobe ao Monte Sinai para receber de Deus as Tábuas da Lei. Napoleão, ao contrário, alcança o posto máximo do governo não para receber leis, mas para fazê-las. (N.T.)

155. Realizado entre 1414 e 1418, o Concílio de Constança tinha por principais objetivos restabelecer a unidade da Igreja católica, elegendo um papa entre os três que reclamavam legitimidade, e condenar as doutrinas de John Wycliffe e Jan Hus, precursores da Reforma. (N.T.)

156. Pierre d'Ailly (1350-1420): teólogo e cardeal francês. Teve um papel importante na tentativa de acabar com o Grande Cisma do Ocidente. No Concílio de Constança, defendeu a submissão do papa ao Concílio, favoreceu a eleição do papa Martinho V e a condenação de Jan Hus. (N.T.)

conseguinte, ele se considera o representante dessa classe e promulga decretos nesse sentido. Contudo, ele só é alguma coisa porque rompeu o poder político dessa classe média e continua a rompê-lo diariamente. Logo, ele se considera o adversário do poder político e literário da classe média. Porém, ao proteger seu poder material, recria seu poder político. Portanto, deve manter viva a causa, mas suprimir o efeito onde ele se manifestar. Todavia, isso não pode acontecer sem pequenas confusões entre causa e efeito, uma vez que ambos perdem suas características distintivas na interação. Novos decretos que apagam a linha de demarcação. Ao mesmo tempo, Bonaparte considera-se representante dos camponeses e do povo de modo geral contra a burguesia, e quer tornar felizes as classes inferiores do povo dentro da sociedade burguesa. Novos decretos, que defraudam antecipadamente os "verdadeiros socialistas" de sua sabedoria governamental. Porém, sobretudo como chefe da Sociedade de 10 de dezembro, Bonaparte considera-se representante do lumpemproletariado, ao qual pertencem ele próprio, seu *entourage* [grupo social], seu governo e seu Exército, e para o qual se trata, sobretudo, de beneficiar a si mesmo e extrair do Tesouro público bilhetes da loteria californiana. E, como chefe da Sociedade de 10 de dezembro, afirma-se com decretos, sem decretos e apesar dos decretos.

Essa missão contraditória do homem explica as contradições de seu governo, o tateamento confuso, que ora tenta conquistar ou humilhar esta classe, ora aquela outra, e acaba sublevando todas contra ele de igual modo; sua incerteza prática forma um contraste altamente cômico com o estilo autoritário e categórico dos atos de governo, estilo esse copiado do tio com obediência.

Indústria e comércio, os negócios da classe média, portanto, devem florescer sob um governo forte, como em uma estufa. Uma grande quantidade de ferrovias é dada em concessão. Porém, o lumpemproletariado bonapartista deve enriquecer. Os iniciados passam a especular na Bolsa sobre as concessões de ferrovias. No entanto, não se apresenta nenhum capital para as ferrovias. O banco é obrigado a dar adiantamentos sobres as ações das companhias ferroviárias. Contudo, ao mesmo tempo, o banco precisa ser pessoalmente explorado e, por conseguinte, adulado. Assim, é dispensado da obrigação de publicar semanalmente seu balanço. Contrato leonino do banco com o governo. É preciso dar emprego ao povo. Ordenam-se obras públicas. Mas as obras públicas elevam os encargos fiscais do povo. Por conseguinte, redução dos impostos em detrimento dos rentistas, mediante a conversão da renda de 5% em 4,5%. No entanto, a classe média precisa ganhar mais um *douceur* [doce]. Em consequência, duplicação do imposto sobre o vinho para o povo, que o compra *en détail* [no varejo], e redução pela metade para a classe média, que o compra *en gros* [no atacado]. Dissolução das verdadeiras associações operárias, mas promessa de futuras associações milagrosas. Os camponeses devem ser ajudados. Bancos hipotecários, que aceleram seu endividamento e a concentração da propriedade. Entretanto, esses bancos precisam ser utilizados para tirar dinheiro das propriedades confiscadas da Casa de Orleans. Nenhum capitalista quer aceitar essa condição, que não está no decreto, e o banco hipotecário permanece um mero decreto etc. etc.

Bonaparte quer aparecer como o benfeitor patriarcal de todas as classes. Mas não pode dar nada a nenhuma delas sem tirar algo de outra. Assim como se dizia no tempo da Fronda a respeito do duque de Guise,[157] que ele seria o homem mais *obligeant* [obsequioso] da França porque teria transformado todas as suas propriedades em obrigações de seus partidários para com ele, Bonaparte quer ser o homem mais *obligeant* da França e transformar toda propriedade e todo trabalho da nação em uma obrigação pessoal para com ele. Quer roubar toda a França para lhe dar um presente ou, antes, para poder comprar novamente a França com dinheiro francês, pois, como chefe da Sociedade de 10 de dezembro, tem de comprar o que lhe deve pertencer. E em instituição de compra tornam-se todas as instituições do Estado – o Senado, o Conselho de Estado, o corpo legislativo, a Legião de Honra, a medalha militar, as lavanderias, as obras públicas, as ferrovias, o état-major [Estado-Maior] da Guarda Nacional sem os soldados, as propriedades confiscadas da Casa de Orleans. Em instrumento de compra se torna todo posto no Exército e no aparato do governo. Todavia, o mais importante nesse processo em que a França é tomada para ser dada de presente a ela mesma são as porcentagens que, durante as transações, caem nas mãos do chefe e dos membros da Sociedade de 10 de dezembro. O chiste com que a condessa L., amante do senhor de Morny,[158] definiu o confisco das propriedades orleanistas, "C'est le premier vol de l'aigle"* [É o primeiro voo da águia], cai bem a

---

157. Henrique II de Guise (1614-1664): aristocrata francês, foi arcebispo de Reims (1629-1640) e duque de Guise (1640-1664). Participou da revolta de Masaniello, em 1647, a fim de garantir os interesses de sua família em relação ao Reino de Nápoles, mas foi preso pelos espanhóis. Ao ser libertado, retornou à França, onde inicialmente apoiou a Fronda para combater Mazarin, mas alguns meses depois mudou de lado. (N.T.)
158. Charles Auguste Louis Joseph, duque de Morny (1811-1865): meio-irmão de Napoleão III, foi um político influente durante a Monarquia de Julho, a Segunda República e o

todo voo dessa águia, que está mais para um *corvo*. Ele próprio e seus defensores gritam todos os dias uns aos outros, como aquele cartuxo italiano ao avaro, que se gabava ao enumerar os bens dos quais ainda poderia viver por vários anos: "Tu fai conto sopra i beni, bisogna prima far il conto sopra gli anni".** Para não errar o cálculo dos anos, contam os minutos. Na corte, nos ministérios, no topo da administração e do Exército, uma multidão de sujeitos tenta abrir caminho. O que se pode dizer do melhor deles é que não se sabe de onde vem. Uma boemia ruidosa, mal-afamada, ávida por saques, que se arrasta em trajes agaloados com a mesma dignidade grotesca dos grandes dignitários de Soulouque.[159] Pode-se ter uma ideia desse estrato superior da Sociedade de 10 de dezembro quando se considera que *Véron-Crevel**** é seu moralizador e *Granier de Cassagnac*,[160] seu pensador. Quando Guizot, no tempo de seu ministério, empregava esse Granier em um jornal sem importância contra a oposição dinástica, costumava elogiá-lo dizendo "C'est le roi des drôles", "é o rei dos bufões". No que se refere à corte e ao clã de Luís Bonaparte, não seria justo recordar a Regência[161] ou Luís XV, pois "a França já tinha experimentado várias vezes um governo de *maîtresses* [amantes], mas nunca um de *hommes entretenus* [manteúdos]".****

Impelido pelas exigências contraditórias dessa situação e, ao mesmo tempo, como um prestidigitador que precisa manter os olhos do público voltados para si com surpresas constantes – portanto, como o substituto de Napoleão, que precisa realizar todos os dias um golpe de Estado *en*

Segundo Império. Ocupou os cargos de deputado, ministro do Interior (1851-1852) e presidente do corpo legislativo. (N.T.)

* "Vol" significa voo e roubo.

** Fazes as contas com base em teus bens, mas primeiro é preciso fazer as contas com base nos anos.

159. Faustin Soulouque (1782-1867): nascido escravo no Haiti, tornou-se presidente do país em 1847 e, imitando Napoleão I, proclamou-se imperador em 1849, assumindo o nome de Faustino I do Haiti. Cercou-se de aliados tanto no Exército como nos cargos administrativos, e submeteu o país a um violento despotismo. (N.T.)

*** Em *La Cousine Bette*, Balzac inspirou-se no doutor Véron, proprietário do [jornal] *Le Constitutionnel*, para compor o personagem Crevel, representado como o filisteu parisiense dissoluto.

160. Bernard Adolphe Granier de Cassagnac (1806-1880): jornalista e político bonapartista. Eleito deputado em 1876, combateu as reformas republicanas. (N.T.)

161. Referência à regência de Filipe de Orleans na França (1715-1723), durante a minoridade de Luís XV. (N.T.)

**** Palavras da senhora Girardin. [Delphine Girardin (1804-1855): escritora e esposa do jornalista Émile de Girardin. (N.T.)]

miniature [em miniatura] –, Bonaparte subverte toda a economia burguesa; mexe em tudo o que parecia intangível à Revolução de 1848; torna alguns tolerantes à revolução, outros, desejosos dela, e cria a anarquia em nome da ordem, enquanto tira a auréola de toda a máquina do Estado, profanando-a, tornando-a repugnante e ridícula. Em Paris, repete o culto do Manto Sagrado de Trier[162] no culto do manto imperial de Napoleão. No entanto, quando o manto imperial finalmente cair sobre os ombros de Luís Bonaparte, a estátua de bronze de Napoleão desabará do alto da coluna Vendôme.[163]

---

162. Manto Sagrado de Trier: relíquia exposta na catedral de Trier, na Alemanha, e que se considera ter pertencido a Jesus Cristo. (N.T.)

163. Coluna erguida na praça Vendôme, em Paris, entre 1806 e 1810, para celebrar a vitória de Napoleão I na batalha de Austerlitz. Foi construída com o bronze dos canhões tomados dos inimigos. Em 1814, durante a Restauração, a estátua foi removida pelas tropas que ocuparam Paris, mas uma nova foi reinstalada em 1833, durante a Monarquia de Julho. Em 1871, a coluna foi demolida por ordem da Comuna de Paris, que a considerava um símbolo do militarismo, mas reconstruída após a queda da Comuna. (N.T.)

Este livro foi impresso pela Gráfica PlenaPrint
em fonte Minion Pro sobre papel Pólen Bold 70 g/m²
para a Edipro.